HR如何招聘人才

招聘思维与技能

姚绿冬 著

中国法治出版社
CHINA LEGAL PUBLISHING HOUSE

目录 CONTENTS

01 上篇 直面招聘困境，建立、健全招聘体系

在人力资源六大模块中，从“选—用—育—留”的角度来说，招聘可能是最关键的环节。对于组织而言，只有选择符合战略需要的人才，才能从真正意义上增强组织的综合竞争力。在合适的岗位上配置正确的人才远远要比将人才培养成为符合岗位要求来得更为重要。建立、健全招聘体系，是每一个招聘管理者必须具备的专业能力。

第一章 鉴往知来：人才招聘观 / 003

1.1 Vuca时代，企业招聘所面临的挑战与机遇 / 003

1.2 选拔任用，组织人才梯队建设的关键 / 007

1.3 招聘管理者的角色转变与文化认同 / 009

1.4 对“招聘”的重新认知与关键聚焦 / 012

1.5 千里马常有，但未必能遇到伯乐 / 014

第二章 追根溯源：精准把握招聘需求 / 017

2.1 痛点：招聘总是在不断地救火 / 018

2.2 关键：用旧地图永远找不到新大陆 / 024

2.3 破局：招聘管理者不能做独行者 / 027
第三章 水到渠成：招聘渠道的开发维护 / 031
3.1 优秀人才永远不是等来的 / 032
3.2 深挖外部招聘渠道的价值 / 033
3.3 探究内部招聘渠道的运用技巧 / 037
3.4 组合使用招聘渠道，效果更佳 / 044
3.5 重视招聘广告的合理设计 / 047
第四章 知微见著：把控筛选简历的细节 / 050
4.1 筛选简历时间节点的考量因素 / 051
4.2 筛选简历的硬性条件与软性条件 / 052
4.3 简历中常见的五大风险点 / 055
4.4 高效筛选简历是如何做到的 / 061
第五章 诚至金开：提升面试邀约成功率的关键 / 066
5.1 在正式邀约前需要准备的事项 / 067
5.2 电话邀约基础话术 / 072
5.3 利用电子邮件邀约提升公司品牌形象 / 080
5.4 通过社交软件持续进行沟通与服务 / 082
第六章 细针密缕：强化面试流程设计 / 084
6.1 复盘面试过程的关键工具 / 086
6.2 面试评估流程设计关乎人才决策质量 / 089
6.3 提升候选人面试体验感的有效措施 / 092
6.4 对人才测评工具的理性认识 / 099
第七章 精雕细刻：不可忽视的面试技巧 / 103
7.1 对面试环节的理解很重要 / 103
7.2 结构化面试并非万能的 / 105
7.3 了解行为面试法的基本假设、核心与实质 / 109

7.4 行为面试法的四大原则 / 114
7.5 行为面试不是聊天，提问/追问技巧是关键 / 118
第八章 不拘一格：合适永远比优秀更重要 / 124
8.1 正确的薪酬谈判策略，关注人才价值而非价格 / 125
8.2 让背景调查成为降低风险的关键一环 / 131
8.3 以终为始：人才决策的正确方式 / 135
第九章 基业常青：校园招聘的价值体现 / 140

02 下篇 探究招聘目标，搭建高效人才梯队

通常招聘管理者们谈论的“招聘”，泛指由于企业招聘需求而通过各种招聘渠道对内外部人才进行选拔任用的过程。因此，招聘其实可以分为“招募”和“聘用”两个环节。就企业人才梯队建设而言，不仅要招募人才，更需要关注到对人才的合理聘用。所谓优秀人才永远是相对的，合适才是关键所在。除对招聘体系的了解外，更需要掌握不同的招聘工具、方法、理念背后的管理逻辑，这样才能阶梯式专业递进，洞见招聘的目标。

第十章 研精覃思：招聘的价值与意义 / 161
10.1 “人无远虑，必有近忧”，招聘亦是 / 162
10.2 “外来的和尚好念经”对招聘的启示 / 165
10.3 没有章法和沉淀的招聘只能疲于奔命 / 169
10.4 招聘的极致是探究组织使命与人的价值 / 172
第十一章 业精于勤：面试技巧的自我修炼 / 176
11.1 不要迷信任何面试技巧 / 177
11.2 善用企业价值观选拔优秀人才 / 180
11.3 胜任力模型在行为面试中的应用 / 184
11.4 摆脱无效提问，了解提问背后的关键逻辑 / 187

第十二章　举贤荐能：盘活组织内部人才 / 194
12.1　忠诚与敬业完全是两个概念 / 195
12.2　内部推荐的孰是孰非 / 198
12.3　竞聘用得好，就能发挥“鲇鱼效应” / 201
12.4　重视对人才盘点的结果运用 / 204
第十三章　建章立制：招聘体系的闭环思维 / 208
13.1　招聘是“选—用—育—留”的关键一环 / 209
13.2　战略决定方向，策略决定结果 / 213
13.3　坚持“以终为始”的闭环思维 / 217
第十四章　未雨绸缪：关注人才储备的价值 / 225
14.1　探索社交招聘对人才储备的意义 / 226
14.2　岗位继任者计划是人才梯队建设的关键 / 231
14.3　别让轮岗成为压倒员工的最后一根稻草 / 236
第十五章　百舸争流：打造高绩效团队 / 240
15.1　团队配置中的“木桶理论” / 241
15.2　用人部门负责人在某种程度上是首席招聘官 / 245
15.3　招聘只是起点，配置才是终点 / 249

上篇　直面招聘困境，建立、健全招聘体系

在人力资源六大模块中，从“选—用—育—留”的角度来说，招聘可能是最关键的环节。对于组织而言，只有选择符合战略需要的人才，才能从真正意义上增强组织的综合竞争力。在合适的岗位上配置正确的人才远远要比将人才培养成为符合岗位要求来得更为重要。建立、健全招聘体系，是每一个招聘管理者必须具备的专业能力。

第一章 ┃ 鉴往知来：人才招聘观

对于招聘的理解，我们不能被日常执行层面的工作所束缚。作为招聘管理者，既要低头干活，也要抬头看天，只有这样才能更好地理解招聘模块的“道”“法”“术”。很多时候，招聘模块的“瓶颈”不是资源稀缺，而是招聘管理者没有更好地把握形势、发现规律、找到症结、获得支持。

对于大多数对人力资源管理工作有意向的人来说，招聘模块是其入行时不错的选择。招聘可能留给大多数人的印象还是相对比较容易上手的。但是，资深招聘管理者对招聘肯定又有不同的感受。当HR看到自己招进来的员工在企业内部逐渐成长时，他们的职业成就感是很强的。随着经济形势的变化与组织持续变革带来的不确定性越来越明显，招聘人员得站在更高的角度去思考人才招聘观念是否与时俱进。

1.1　Vuca时代，企业招聘所面临的挑战与机遇

Vuca是由四个英文单词缩写而成，V（Volatility）：易变性、u（Uncertainty）：不确定性、c（Complexity）：复杂性、a（Ambiguity）：

模糊性。用Vuca来描述当下这个时代的特性，可能是最恰当不过的了。

从宏观层面来看，中国的人口红利正逐步消失[①]。这也就意味着，劳动力市场上的适龄劳动力供给将逐步减少。对部分组织而言，这直接导致招聘难度增加。一线、二线城市的劳动力市场从供大于求正逐步恢复至正常水平，再加上各地陆续出台的人才吸引政策，在一定程度上导致人才回流。同时，由于劳动力结构的整体变化，组织在招聘方面的资源投入力度与招聘成效慢慢成反比。

随着经济增速的放缓，更多组织的经营效益呈下降趋势，但与之相对应的却是人工成本逐年上升，为了确保可持续发展，组织往往不得不选择转型发展或降本增效，甚至在一定程度上改变现有的人才策略，这就使得企业对人才的综合能力要求变得更高。另外，随着国内、国际经济双循环及供给侧结构性改革，产业结构调整与重新布局必然对组织战略定位、经营模式、产品结构等产生一定的影响。持续变革成为组织战略定位时的主旋律，由此对新兴产业的关键人才、核心人才的需求量将大幅上升，以此满足组织未来发展的人才需求。

因此，招聘管理者可通过分析宏观环境了解整个人力资源发展趋势与供给变化，提前进行人力资源战略规划。

小贴士

宏观环境分析（PEST）模型可以帮助企业对外部大环境进行分析与预测：

---

① 《出生率继续走低，人口负增长是否提前到来？》，载中国政协网，http://www.cppcc.gov.cn/zxww/2021/12/02/ARTI1638411002446226.shtml，最后访问时间：2024年7月23日。

Political factors（政治因素）：政府行为、法律法规、路线政策方针、国际政治因素等。

Economic factors（经济因素）：社会经济结构、经济发展水平、经济政策、其他一般经济条件等。

Social factors（社会因素）：人口因素、社会流动性、生活方式变化、文化传统、价值观等。

Technological factors（技术因素）：技术发展水平、科技政策、新技术发展趋势等。

从微观层面来看，组织变革的速度正在不断加快。目前，敏捷型组织的概念被越来越多管理者认同。相较于传统的组织，敏捷型组织更能适应经济政策与市场环境的变化，快速作出反应，满足新常态下组织发展需求。同时，我们发现，为了适应市场环境的发展变化，更多的组织开始寻求管理能级的提升，越来越多的组织从管理粗放型向管理精细化转变。他们通过组织变革或管理效能来提升利润。对于很多实体公司，尤其是劳动密集型企业而言，人工成本往往占总成本的较大比例，这在一定程度上导致企业倡导人力资源效能概念。在组织利润有限增长甚至负增长的前提下，如何提高人均产值与人均利润率？企业可通过人力资源数据分析来切实为经营决策提供数据支撑。当下，很多企业倡导企业数字化转型，他们通过降低人工劳动密度及搭建基于SaaS[①]等信息技术的管理平台，从而对组织活动、流程、业务模式和员工能力等方面实现更有效的集中

① SaaS（Software as a Service，软件即服务。）

管理、统一管理，提升管理人员的工作效率。

与此同时，随着“00后”开始迈入职场，组织内部的团队成员年龄结构变得更为多元，从“60后”到“00后”，不同年代员工之间的团队融合、文化融合问题愈加凸显，组织内部的团队管理难度逐步增加，通过招聘配置完美的管理团队正成为新的管理话题。

就像英国作家查尔斯·狄更斯在《双城记》中所说：“这是一个最好的时代，也是一个最坏的时代；这是一个智慧的年代，这是一个愚蠢的年代；这是一个信任的时期，这是一个怀疑的时期。”不同的人看待Vuca时代有不同的感受。从人力资源管理者的角度来说，看到的更多是希望与成功。可以预见的是，未来几年或者十几年，招聘与配置将会在人力资源管理中得到更多的重视。因为无论是宏观环境还是微观环境，其核心问题都是人才对于组织发展的影响，呈现出的必然是组织对优秀人才的渴望。现在较为复杂的是，优秀人才与企业岗位招聘期望条件之间的落差，招聘管理者对人才的专业能力与人际敏感性，对优秀人才的吸引与配置将会产生明显的正相关关系。

在Vuca时代，人力资源管理者只有不断革新管理概念、不断提升管理技能、不断尝试管理创新，才能更好地拥抱这个时代。人力资源管理者必须主动接纳这个时代，正是因为Vuca时代充满了不确定性，我们才能在这个充满机遇与挑战的时代，重新定义人力资源管理的核心价值。也正是因为其复杂性与模糊性，人力资源管理者才必须拥有洞察能力和预见能力，找到人力资源新的管理工具与方法，为人才梯队建设找到新的坐标。

1.2 选拔任用，组织人才梯队建设的关键

在组织内部，人才梯队建设是一项系统工程。有些企业将人才梯队建设定位在人才培养、人才发展方面，这显然忽略了选拔任用在人才梯队建设过程中所起到的源头作用。朱熹的《观书有感二首·其一》中的著名诗句“问渠那得清如许，为有源头活水来”，正是说明了组织的持续发展必然依靠的是源源不断的优秀人才供给，而这个供给必须是“活水”，也就是只有通过一定量的外部人才招聘配置才能实现。人才梯队建设对组织而言，其重要作用在于为组织战略落地及经营管理提供持续、稳定、及时、优质的人才供给，甚至是基于组织战略前瞻性地做好人才梯队建设工作。但如果没有经过人才甄别就开始人才培养，很可能导致南辕北辙的结果。正如我们管理课上经常提到的案例，想要摘桃，最好、最快、最有效的方法是招聘猴子，而不是培养不会爬树的其他动物。

同样，在人力资源管理中，我们要想进行人才梯队建设，首要的就是建立组织人才标准体系，运用科学、规范的管理工具进行人才招聘，在源头上把好关，要确保选拔任用的都是符合组织战略和业务发展需要的合适人才。人力资源经常提到的“选—用—育—留”，之所以把“选”放在首位，其中的重要性不言而喻。可以说，正是因为组织选拔任用了正确的人才，才有后续进行人才管理的必要和价值。

因此，有人说，人才是选拔出来的，不是培养出来的。乍听这句话，的确有道理，但仔细想想，这句话的前提是得分清楚组织如何定义优秀人才与合格人才。通常，我们的招聘选拔工作既包含那

些有较大潜力、稍加培养即可成才的优秀人才，自然也应当包含潜力一般、天赋一般但踏实肯干的合格人才。所以，选拔任用在人才梯队建设中的关键作用不仅在于招募与配置人才，更重要的一点是识别人才、甄别人才，将合适的人放到合适的岗位上。有些人才可能仅仅是配置在不能发挥其所长的岗位上，其绩效结果势必是很难预测的，如果通过工作扩大化、工作丰富化等管理方式，将员工配置到更适合其发展的岗位上，则岗位绩效就能达到预期的结果。从这点来说，选拔任用的工作范畴就不再只是局限于招聘，尤其不只是社会招聘这么简单了，而是贯穿于员工职业生涯中。

从人才梯队建设的另一个角度来看，理想的人才梯队应当是金字塔形的。每名员工都可以在金字塔内找到自己的位置，虽然有些基层员工处于金字塔底部，但这并不会影响其正常的职业发展。选拔任用并不是单纯地将组织外部人才吸引进组织内部，即便是组织内部的员工，通过特定的人才发展机制及自身努力，也一样可以成长为优秀员工，纳入组织选拔任用的考虑范围内。在组织内部，很多具有潜力的员工往往通过组织提供的特定平台/人才发展机制脱颖而出，这样的选拔任用机制，才是真正将人才梯队建设实现了动态调整，有助于组织内部人才的良性流动。

同样，现在很多组织启动了组织内部招聘（仅限于组织内部员工应聘）、职业发展双通道等机制。从本质上来说，就是在组织内部对人才重新进行配置，这打破了传统的人力资源管理方式。通过实施这些创新性选拔任用机制，既能让员工在新岗位上发挥更大的作用，也能留住优秀员工。对于员工的留任，并不是只有通过薪酬调整才能实现。合理的人才发展机制能让老员工找到新的发光点，从薪酬留人、感情留人到制度留人，这是管理水平提升与管理良性发展的必然趋势。无论如何，这些机制能最大限度地实现员工职业发展与组织战略发展的双赢。同时，相较于轮岗培训等人才发展项目，员工内部流动机制更能激发员工的工作热情，也有助于培养复合型人才。而这些机制所搭载的管理平台，都是基于选拔任用在人才梯队建设中的前置作用。

因此，高管对选拔任用的理解及人力资源管理者自身的管理视野与格局，将在很大程度上影响人才梯队建设的效果。有些企业看似通过人才发展项目进行人才梯队建设，但容易忽略人才梯队顶层设计中的关键两点，即组织需要怎样的人才、如何对人才进行合理配置。

1.3　招聘管理者的角色转变与文化认同

组织招聘的困境，很多时候是落后的招聘理念与当代求职者心理需求之间的矛盾造成的。随着时代的变化，招聘管理者的管理角色也必须在潜移默化中发生转变。

与传统的人事管理者相比，现代的招聘管理者在人才招聘过程中主要出现了以下五点变化。

一是人事决策权的转移。随着时代的变化，现在的人力资源部门通常不再拥有人事决策一票否决权，更多的是与用人部门之间的沟通与人事决策建议权，这在很大程度上真正让用人部门获得了对人才的自主选择权，也让人力资源在招聘管理活动中成为积极推动执行的专家/顾问型角色，为用人部门提供人才报告及选拔任用建议，从而更好地服务于战略、服务于业务。

二是招聘主动性的增强。以前，招聘管理者通过招聘网站就可以筛选足量的高质量简历。但是现在，招聘管理者如果还是凭借同样的操作方式，被动地等待求职者主动求职，那招聘效果往往事与愿违。

具体原因如下：第一，求职者的求职渠道变多了（如猎头、企业内推）；第二，用工模式的改变（如灵活用工、自由职业）；第三，随着国内区域经济的发展，很多优秀人才开始从一线、二线城市向三线、四线、五线城市回流，这些直接导致了劳动力市场的供给相较于之前发生了变化。因此，要想招募到优秀人才，招聘管理者不得不采取更为主动的举措，由被动招聘变为主动招聘，例如，将营销中的4P①理念引入招聘工作中，主动接触优秀人才、主动猎聘优秀人才，从而挖掘出更多的潜在岗位候选人。

三是雇主品牌的提升。过去，求职者更多地看中的是企业性质，如外企、合资、民企、国企。但是现在，越来越多的新生代求职者更注重企业文化。在强调个体价值的今天，企业文化可提升组织品牌在行业内或特定领域的知名度及影响力。招聘工作作为企业文化宣传的重要窗口，招聘管理者的言行也被赋予了更重要的意义。通过招聘管理者在招聘活动中的企业文化传播，突出表现企业的雇主品牌形象，在一定程度上增强组织对潜在岗位候选人的吸引力，将有效提升他们的求职意愿。近几年，越来越多的企业开始重视校园招聘，其本质也是通过打造雇主品牌从源头上吸引更多的优秀人才。

四是招聘渠道的完善。以前，因为组织发展相对稳定、组织分工不够精细（岗位兼容性较好），也包括特定社会环境下企业内部

① 在市场营销组合观念中，4P分别是产品（product），价格（price），渠道（place），促销（promotion）。

“家”文化的影响，组织内部人员流动性较小，招聘对渠道的依赖性较弱。当下，组织不断面临新的变革，对于人才的需求量与日俱增，对新兴行业人才、国际化人才、顶尖技术人才的需求变得尤为明显。招聘管理者必须通过开拓不同的招聘渠道，通过具有策略性的招聘计划物色到合适的人才，只有这样才能满足组织发展对人才的渴望。

五是人才储备机制的建立。在过去很长一段时间里，招聘管理者的招聘活动处于被动地位。也就是说，只有当岗位出现空缺的时候，招聘管理者才会开展招聘工作。但在Vuca时代，组织的业务发展活动存在很多不确定性，某些政策窗口期或业务红利期存在的时间较短。当组织发现这些业绩增长点才开始组建团队的话，容易错失很多机会。因此，招聘管理者既要完成满足组织当下经营活动需要的招聘工作，也要未雨绸缪地储备人才，无论是外部储备还是内部储备，这种前瞻性的人才储备将成为组织在业务发展关键时刻的“利刃”，具有重要的战略意义。

对招聘管理者而言，以上五点必须依托于组织现有的人力资源管理体系。招聘管理者只有从根本上认识到招聘角色转变的重要性，才能在招聘活动中发挥更大的价值。需要注意的是，在面对不同年龄段求职者的时候，招聘管理者对组织的文化认同将直接影响到招聘结果，这里的文化认同包括五个方面：

第一，接受多元文化，能接受不同的价值观。

第二，融入新型群体。无论是新生代群体还是特定的组织内部非正式组织，招聘管理者都需要与他们建立强有力的伙伴关系。

第三，化解代际沟通问题。在招聘活动中，尤其是组建新的业务团队时，要对人员进行合理组合，必要时成为团队成员之间沟通的桥梁。

第四，认可价值主张。以保障组织业务有序推进为前提，尊重每位成员的价值观差异，为员工提供广阔的职业发展空间与相对公平、公正的职业机遇。

第五，转变用人理念。从传统的雇佣关系转变为新型的合作关系，让优秀人才真正成为组织人才供应链管理的核心。

1.4 对“招聘”的重新认知与关键聚焦

在人力资源领域，如果谈到招聘，你想到的最习以为常的工作场景会是什么？可能你的脑海中会浮现招聘管理者筛选简历、打邀约电话、在会议室面试等场景。但是这些常见的工作场景只是招聘日常管理中的一部分。就像我们在谈论招聘工作关键绩效的时候，并不能以人员到岗作为唯一的评价标准。我们应当看到，招聘作为人力资源的重要模块，应当建立系统性的体系构建理念。

我们经常听招聘管理者说招聘工作很难做。难点是什么？为什么招不到人？这个时候原因可能有很多，但排名靠前的理由中，“薪酬”肯定是高频词。那么我们反过来思考一下，如果薪酬到位了，就一定能招到人吗？你会说，那招聘成功的概率肯定会变大。但是，怎样的薪酬才能算到位呢？综观整个行业领域，你用怎样的薪酬标准去招聘优秀人才？组织的薪酬体系及人工成本通常是有固定框架的，其实很难用不断提高的薪酬标准去达到理想状态。笔者认为，绝大部分招聘管理者是在有限的资源条件下去完成招聘任务。

所以，做正确的招聘任务，要远比把招聘任务做正确重要，因为你的资源没有办法让你去做过多的失败尝试，或者是在规定条件下达到超出预期的结果。因此，对招聘管理者而言，运用招聘体系去形成组织内部的招聘规范，将提升招聘效果。而在此之前，作为招聘管理者，首先要对“招聘”有清晰的理解与定义。

招聘管理者对招聘模块的认知，决定其在招聘领域的成就。站得越高，看得更远。格局越大，思维才能越开阔。正因如此，招聘管理者既要抬头看天，也要低头走路，就怕有时候，路走得多了，忘记天空是什么样子的。一直拘泥于琐碎的事务性工作中的招聘管理者，很多时候在“术”的层面花费过多时间，而在“道”和“法”的层面少了些许思考。对于招聘，既要通过招聘渠道建设、招聘需求预测、校园招聘等日常管理工作找到合适的候选人，也要通过人才测评、胜任力模型、人才盘点等工具模型精准识别人才，只有这样才能提升人岗匹配度。

对于“找到人”，这里有两个特别重要的点需要指出：一是所谓的“找到人”，单纯指通过某些中介或招聘渠道与求职者或潜在候选人建立联系；二是招聘管理者与潜在候选人之间可能进行过“沟通”，这极有可能只是出于社交需求，彼此之间进行过基本的信息交换，但就岗位意向，双方并不一定能达成一致。这充分说明，我们不能把找到潜在候选人作为业绩达成的标准，更重要的是，作为招聘管理者，其应当以负责任的态度帮助组织找到合适的人才。我们通过进一步沟通，将潜在岗位候选人转化为对公司招聘岗位有强烈意愿的求职者。如果招聘管理者只是单纯依据面试过程中的印象而匆忙作出人才决策，这是远远不够的。

因此，招聘管理者必须从建立招聘体系起就具备系统性思维，聚焦于如何为组织提供更为理想的优秀候选人。这就要求招聘管理者必须具备对招聘全流程的把控能力，对招聘步骤的设计能力，对招聘工具的选择应用能力，对人岗匹配的解读能力，对招聘决策的建议能力等。我们通过构思招聘体系整体框架的战略来实现预期管理目标。这对大部分招聘管理者而言，既是组织管理的需要，也是自我成长的需要。

1.5 千里马常有，但未必能遇到伯乐

21世纪最稀缺的资源就是人才，可谓得人才者得天下。世人常说，世有伯乐，然后有千里马。千里马常有，而伯乐不常有。人才真的很难找吗？其实不然，因为每个组织的战略目标、经营模式、企业文化、工作环境等都具有不同的特点，所以对人才有不同的定义。就像千里马，在普通农夫的眼中，可能它和其他马干活也并无太大区别，但在伯乐眼中其却是不可多得的好马。因此，即便是同一个人，在不同组织内，其行为表现与岗位绩效都有可能是截然不同的结果。

未来，将传统招聘上升到人才营销的角度可能成为一种趋势，也会是企业人才价值观的一次尝试与跨越。当我们的企业都在为产品做定位做营销的时候，也需要对产品的生产者——真正的高价值人才给予足够的重视。人才营销应当结合企业战略与企业文化开展，通过策略性的企业宣传，扩大招聘渠道影响范围，有针对性地进行人才寻访与招募，对高价值人才进行梳理，将招聘不再局限于传统的招募与配置，增强可持续性的企业品牌影响力。所谓的“千里马常有，而伯乐不常有”，就是让高价值人才更愿意认可企业的品牌，愿意加入企业，与企业共同成长。

笔者在阅读完费洛迪的《才经》之后有这样的感触，人才寻访并不是委托人所想象的那样简单，在全球化的人才决策中，从岗位

定位、确定考察指标、选择寻访途径、接触候选人、评估候选人、吸引和激励候选人到最后的企业融合，整个严谨的寻访过程就是企业对人才决策谨慎的体现。而这些，未来也势必成为企业人才营销的大势所趋。招聘并不是以到岗率，而是以“看似不相关，实则紧密相连”的人才利润贡献度作为最终的评断依据，或许，这就是未来人才营销的真正作用与价值。

因此，既要通过营销手段吸引优秀的候选人，也要用正确的标准去评判候选人。招聘管理者站在这个角度去思考的话，就能明白，无论什么时候，人才始终有，关键是用怎样的标准去评判他、吸引他。作为招聘管理者，可以在以下三方面下功夫：

第一，招聘管理者具有一定的识才、辨才的能力。有些人可能觉得这种技能是与生俱来的，但是更多人是可以通过后天习得的。在这个过程中，既包括对理论知识的学习与运用，也包括在不断面试过程中积累下的实践经验。在现代组织招聘过程中，应逐步选择使用人才测评产品，从而了解求职者的潜在能力，提升人岗匹配度，降低人才决策风险，帮助组织物色到合适的人选。

第二，招聘管理者具有一定的容才、惜才的雅量。所有人都不是完美的，明白这一点在招聘过程中显得尤为重要。在招聘过程中，我们一直强调要找合适的，而非优秀的，这不仅是从人工成本的角度考虑（通常优秀人才的薪资要求相对较高），更重要的是只有合适的求职者才会在组织内部长期发展并发挥出应有的绩效。水至清则无鱼，人至察则无徒。因此，在招聘过程中，要在一定程度上包容求职者的不完美，除特定岗位外，可以适度放宽某些招聘条件（如学历、年龄等）。即便最后无法合作，至少也多一次了解彼此的机会，纳入组织的后备人才库。

第三，招聘管理者具有一定的选才、荐才的水平。在整个招聘流程中，招聘管理者绝非只是推动者、执行者，更是提供人才决策的内部专家、内部顾问。招聘管理者应当充分了解组织战略，从而更好地为组织匹配合适的人才。在人才决策环节中，应当发表具有专业水平的招聘建议，并在一定程度上为合适的人选争取进一步的合作可能。虽然我们一直说人才决策权由用人部门最终决定，但招聘管理者应当充分发挥角色作用，发挥人才决策建议权，这不仅是个人专业水平的体现，也是理解战略、融入业务的具体表现。

如果作为招聘管理者，能真正做到以上这些，想必也一定能成为优秀人才的伯乐。

画重点

对招聘管理者而言，提升招聘管理意识远比提升招聘管理技能更为重要。所有具备全局视野和经营思维的招聘管理者，都对招聘管理的战略管理价值有清晰的认识。很多时候，并不是你所做的工作没有价值、没有意义，而是你不能知微见著，没有真正发掘到招聘管理的核心。毕竟，只有你不断攀登更高的山顶，才能发现不一样的风景。

第二章 | 追根溯源：精准把握招聘需求

招聘管理者必须清醒地意识到，招聘需求绝不是用人部门填个表、走个流程那么简单，而是必须基于组织战略与经营业务发展状况，结合年度招聘计划实行动态管理的过程。招聘需求分析的质量高低将直接影响整个招聘计划实施效果的好坏。

在日常工作中，招聘管理者经常感慨其总是在扮演“救火队员”的角色。例如：

- 组织经营业绩不佳，是因为没有及时把人招聘到位。
- 员工来了一段时间没留住，是因为招聘管理者没有考虑员工的稳定性。
- 员工来了一段时间，业绩并不理想，是因为招聘管理者没有预估到。
- 员工有业绩但团队合作意识薄弱，原因是招聘管理者看人不准。

……

诸如此类的事情，不胜枚举，但这些真的都是招聘管理者的问题吗？

我们就以上面这些问题为例进行分析，会发现，有些并不完全是招聘管理者能解决的，但这些问题的背后又都和招聘管理者有密切的关系。例如，员工没有及时到位，我们就要分析，这个岗位是年度招聘计划内的需求，还是计划外的需求，又或者是因为招聘需求不清导致没有合适的人选，还是因为招聘计划出现偏差，也可能是招聘渠道不合适，或者是招聘预算不到位等。员工的稳定性、员工的业绩、员工的团队合作意识，这些是否在面试前都进行了科学合理的设计、在面试过程中进行了科学合理的评估，并且已将人才决策风险告知用人部门？这些细节上的操作，往往体现出招聘管理者的专业性。因此，要想做好招聘工作，首先要准确把握好用人部门的招聘需求。

2.1 痛点：招聘总是在不断地救火

招聘管理者大多会积极主动地去完成招聘任务，但前提是，必须能正确理解用人部门的招聘需求，并且将招聘标准与用人部门达成一致。在接到用人需求后，招聘管理者不要急于通过各类招聘渠道开展招聘工作，而应充分了解招聘背景、招聘标准等事项，甚至要了解招聘计划实施的必要性。有时候，盲目启动招聘工作，往往容易导致招聘管理者在整个招聘过程中处于被动地位。

案例

张某从2014年就开始担任RH物业公司的招聘经理。随着公司这几年业务版图的不断扩张，公司业务几乎覆盖全国一线、二线、三线所有城市。但是，最近张某被业务拓展部门接连投诉好几次，主要原因在于西南区域新开盘项目的团队组建进度远远落后于预期计划。张某感觉挺冤枉的，该用的渠道也都用了，甚至亲自从北京跑到成都、重庆等地与候选人见面，推给西南区域不少候选人，但最终大部分以不合适为由未能录用。张某很郁闷，就和西南区域开盘团队负责人沟通，想了解原因，这才发现，西南区域因为服务品质较高，相应地提高了团队招聘标准。张某始终按照之前的其他区域岗位标准进行招聘，自然无法达到业务部门的要求，自从完成招聘需求的更新，张某很快就完成了招聘任务。

这个案例告诉我们，实施招聘的前提是真正了解招聘的需求。这点对绝大部分招聘管理者而言都是适用的。招聘管理者需要依靠自身的专业水平去引导用人部门阐述他们的招聘需求，这些招聘需求可能并不仅仅意味着把人招到位，更多时候，存在着如何去定义人才的标准与个性化的用人需求。即便是在企业发展或业务发展的不同阶段，招聘需求都会发生变化。这也就是我们经常说的，招聘需求往往具有两种含义：一是对于人才数量的渴望，即用人部门希望通过招聘一定数量的员工来满足业务发展的需求，通过提升团队人员数量实现业务提升，对处于业务扩张期的企业而言，这是发展的必然之路；二是对于人才质量（人才标准）的建立，即用人部门希望招聘到的人才都是符合岗位要求的，具有一定任职条件的人才将明显有助于提升企业业绩。通常，人才数量与人才质量的有效结合，才是我们所说的人才梯队建设，即满足企业战略与经营业务发展所必需的合格人才数量，并能在企业发展的关键时刻派上用场。

案例

DL农业机械制造公司从2015年开始进入快速发展期，规模从最初的500多人发展到2021年底的1200多人。面对快速壮大的管理团队，虽然DL拥有一批与董事长一起创业的元老级管理层，但董事长本着长远发展的眼光，依然希望从市场上引进优秀的职业经理人担任总经理来破解业务发展的“瓶颈”。HRD陈某为董事长接连推荐了好几个领域内知名的职业经理人，可第一轮面试均以失败告终，原因大多是公司达不到候选人期望的薪酬水平。董事长痛定思痛调整了薪酬策略，在第二轮面试中终于物色到一名具有丰富管理经验的业内知名经理人，可惜来了不久就离职了。因为招聘职业经理人周期过长，该工作对业绩或多或少产生了影响。董事长不得不从创业元老中选择一名担任总经理职位。但是，招聘职业经理人这一工作依然在继续。陈某也明显感受到了董事长给予的招聘压力。

类似这样的招聘困境可能经常在我们身边发生：一方面是企业需要大量的优秀人才来提升管理水平；另一方面是企业内部的老员工如何与企业共同进步、共同发展的问题。很多业务管理者，甚至一些高管，在谈到招聘的时候，第一反应可能是“外来的和尚好念经”。导致这种情况出现的原因有以下四点：一是目前组织内部的确没有合适的人选。这种情况大多发生在企业转型发展期，虽然现有人才熟悉了目前的业务发展模式，但对于新形势、新发展、新产业、新业务存在较大的心理阻力或能力差距。因此需要从外部引进优秀人才来带动组织的转型发展或业务创新。二是组织不明确是否拥有合适的人选。这种情况通常就是企业产生了人才盲区，当组织内部遇到业务难题或管理“瓶颈”的时候，看上去有很多管理者，但不知道到底谁更适合来解决这个问题。高管们感慨无人可用的问题。三是组织内部的确有合适的人选。但组织希望通过社会招聘产生一定的“鲇鱼效应”，促进人才梯队的良性发展，拓展现有员工的业务视野，激发员工的工作热情，更好地提升组织业绩。四是组织内部虽然有合适的人才，但为了平衡老员工之间的管理问题，只能以外部招聘的形式来缓解团队内部矛盾。但这种大多属于隐性招聘需求，通常不易被招聘管理者察觉。

在这个前提下，我们对招聘需求的信息收集，往往需要关注以下四个维度。

维度1：真实需求与存伪需求

很多时候招聘需求是招聘管理者与用人部门进行深入沟通后才能真正挖掘到的，在此过程中，首先就是做好招聘需求分析：

1.业务部门期望解决什么问题？

即通过招聘能解决问题或改善业务部门目前的困境吗？

2.业务部门的招聘岗位是否在组织架构的允许范围内？

即招聘岗位是新增还是替补？需要额外审批岗位编制吗？

3.业务部门对招聘岗位的职级设置合理吗？

即招聘岗位职级与解决或改善问题的能力相匹配吗？

4.业务部门对招聘岗位的标准清晰吗？

即用人部门能明确招聘岗位的任职资格与岗位职责吗？

5.业务部门对招聘岗位的迫切程度如何？

即用人部门对招聘岗位到岗时间有严格要求吗？

6.业务部门对招聘岗位的人选来源有要求吗？

即用人部门对招聘渠道有明确的偏好（如社会招聘、校园招聘、内部推荐等）吗？

7.业务部门对招聘岗位有额外的限制性要求吗？

即用人部门有除岗位说明书以外的要求（如行业要求、公司规模、定向猎聘等）吗？

8.业务部门对招聘岗位拥有较为充足的预算吗？

即按照用人部门的招聘条件，招聘预算能招到合适的人选吗？

这8个问题可以帮助用人部门再次思考是否真的有必要实施一次新的招聘。如果综合评估下来的确需要通过招聘来解决业务问题的话，那招聘管理者与用人部门可以共同梳理招聘岗位的具体需求。事实上，招聘管理者通过这样的方式引导用人部门对招聘需求进行阐述，会让招聘管理者更好地把握用人部门的显性需求与隐性需求，进而提升招聘成功率。

维度2：计划内招聘与计划外招聘

通常情况下，大多数的招聘是计划内招聘。一般是在每年年末收集次年的招聘需求，每个部门根据企业战略、经营目标、当前部门岗位设置情况等提出部门招聘需求，经人力资源部门审核后交由公司高层进行审批。审批通过后，最终确定次年的年度招聘计划。年度招聘计划需要将招聘岗位到岗时间细化到月度。因此，对于计划内的岗位，招聘管理者可以提前制订招聘计划，确保在规定时间内将空缺岗位招聘到位。

而计划外招聘一般受经济形势变化、企业战略变革、经营业务新增、组织架构调整、生产技术革新、部门员工异动等企业内外部环境影响，因此招聘需求量与影响大小呈正相关。计划外招聘具有较高的不确定性，主要体现在"新""专""高""急""量"方面："新"，即新增岗位人员可能是新兴行业人才；"专"，即在专业领域内属于领军人才；"高"，即目前担任公司高管或关键岗位/核心岗位；"急"，即到岗即能帮助企业抢夺先机的人才；"量"，即可能需要组建新的经营团队。对招聘管理者而言，计划外的招聘要求可能较高，所以往往比较慎重，由公司高管审批同意后方可实施。

维度3：补充岗位与新设岗位

新设岗位，顾名思义，就是根据业务发展需要新增设的岗位，通常是最新纳入组织架构的岗位。对于之前已经纳入组织架构或已申请过岗位编制，但未实施岗位招聘的，理论上还是属于补充岗位。对于新设岗位，招聘管理者在实施招聘前，除常规的招聘启动流程外，往往需要用人部门确定新的岗位说明书，包括岗位名称、工作职责、任职资格、工作权限等。招聘管理者需要对岗位说明书进行分析，在制订招聘计划时考虑是否适用于内部招聘。一般岗位通过内部招聘可能达到的招聘效果更为理想。

除新设岗位外，一般企业的招聘大多为补充岗位招聘，包括因员工离职、员工晋升、员工降级、员工平调、员工退休等导致的岗位空缺。一般来说，补充岗位是对现有空缺岗位的补充，相较于新设岗位，招聘启动流程较为简单。但需要注意的是，对于因特殊情况（如辞退员工等）提前进行的招聘工作，招聘管理者需要做好信息保密工作并妥善处理好招聘信息的发布情况。另外，需要招聘管理者注意的是，对于计划内需提前介入的招聘需求（如员工退休），应当提前制订相应的招聘计划，及时启动补充岗位配置工作。

维度4：即时招聘与储备招聘

时效性是招聘工作非常关键的考核指标。在最短时间内为组织匹配合适的人才，是优秀招聘管理者的专业能力体现。从时效性来看，我们一般把招聘需求分为即时招聘和储备招聘两种情况。

即时招聘，指的是招聘管理者必须立即开展招聘工作，以满足组织当下的招聘需求，也就是我们通常所说的需要候选人尽快到岗。在企业中，即时招聘需求占整个招聘需求的比重比较大，尤其是关键岗位和核心岗位的招聘，招聘交付周期的长短可能直接影响业务的发展。对招聘管理者而言，满足即时招聘的重要前提是对招聘需求的准确把握且拥有资源丰富的招聘渠道。

储备招聘，指的是为了满足组织未来发展的需求，招聘管理者提前为组织储备合适的候选人。一般企业内部的储备招聘分为两种，一种是从人才梯队建设的角度出发，强调对候选人的潜力培养，比较典型的就是管理培训生，在通过一定时间的培养及考核评估后，胜任组织内部的特定岗位。另一种是战略性的业务人才储备，强调在业务正式启动前的一定时间内，从市场上物色一批具有相应行业经验的专业人才，为业务正式开展进行谋划，使招聘到的候选人与企业的发展战略/变化相匹配，提高经营效果。

以上四个维度的招聘需求信息收集既可以单独使用，也可以组合使用。收集与分析招聘需求信息在一定程度上能帮助招聘管理者更有效地对岗位编制进行管控、合理控制人工成本、有效提升人效指标，另外，也能为企业长远发展持续稳定地提供人才，提前进行谋篇布局。

2.2 关键：用旧地图永远找不到新大陆

“沿着旧地图，找不到新大陆”这句话出自美国职业篮球运动员拜伦·戴维斯。正如我们前文所提到的，在Vuca时代，周遭的一切都是不断变化的，充满了不确定性，企业也经历着更为坎坷的发展历程。随着“90后”“00后”新生代进入职场，我们发现过去的那些招聘规则已经渐渐无法再适应新兴群体的求职习惯。如果招聘管理者过度依赖经验主义，一味地循规蹈矩，墨守成规，未必能达到预期的招聘结果。这就需要我们关注两张新地图。

第一张新地图：关注岗位胜任能力。

过去几十年，当我们在收集招聘需求时，在意的是冰山以上部分的任职条件，比如学历代表知识、职称和职业资格代表技能，也会考虑到候选人的从业经验、公司规模、行业资源等预测未来绩效的影响因素，这些显性能力很容易在面试时获得更为直观的评价。如果谈到候选人潜力的时候，我们则可能第一反应是考虑到候选人的性格、职业规划、合作能力、沟通能力等。可是在面试时，这些隐性能力往往很难通过面试文件获得较为准确的评估。对招聘管理者而言，即便面试评估表做得很完美，如果没有合适的测评工具，也是无法获得更为准确的人岗匹配数据的。但请不要忘记，在那之前，首先在确认招聘需求时，应当明确将与岗位匹配的能力进行罗列，这将直接决定招聘成功与否、招聘周期长短、招聘成本高低等与招聘息息相关的数据结果——通常，这些直接或间接的招聘成本是招聘管理者不得不考虑的考核因素。

绝大部分的业务管理者更关注的是招聘的新人能否更快地适应工作环境，能否在团队中有更为出色的绩效表现。这些仅仅通过知识、技能、态度是无法准确预测的。

越来越多的招聘实践可以证明，冰山以上的能力部分是目前大部分企业在招聘时会关注到的，因为这些往往是达成绩效的必备要素，但冰山以下的能力部分对于绩效的长远影响也不容忽视。如果仅仅因为冰山以上的能力更容易评估，我们就把这些指标作为人才标准，这其实是管理水平拙劣的表现。我们不禁要问，在整个人才招募的过程中，招聘管理者究竟扮演了怎样的角色、发挥了怎样的作用？如果招聘管理者都不能为业务管理者提供有价值的专业工具及建议，招聘管理者的岗位价值势必也会被低估。

招聘管理者在确定招聘需求的过程中，有很重要的一点，即要完整地确认候选人的任职要求，绝不是岗位说明书上所列出的那些——毕竟岗位说明书上的任职要求是胜任岗位要求的最低标准，而非招聘当下部门负责人对增补岗位的所有期待，更何况企业战略也好，内外部环境的变化也好，对招聘管理者而言，招聘需求的完整确认将明显有助于提升招聘效率。

岗位胜任力对人才决策具有重要的影响力。在招聘实践工作中，我们发现，对于招聘岗位的需求描述越细致，往往招聘结果越理想，这是因为我们能对人才给出更全面的评价。岗位胜任力决定了员工与组织是否在重要行为趋向上保持一致。一个人可能因为公司的雇主品牌形象而选择入职，但是，如果个人的价值观与企业文化不匹配，管理决策与企业战略不一致，团队管理理念与现有团队文化不匹配，带来的管理风险是不可估量的。越是职级高的岗位，对组织的影响越大、越深远，甚至直接影响组织战略落地与业务发展。这也就是我们经常提到的人才决策风险。

第二张新地图：关注新生代的就业观。

随着Z时代的到来，“90后”“00后”的就业观也发生了较为明显的变化，这应当引起招聘管理者的重视。过去，我们在招聘的过程中更偏向于对候选人的选择，而现在正逐步向着双向选择演变。虽然我们可以列出胜任岗位要求的诸多要素，不过在招聘的过程中，我们也要将“90后”“00后”的就业需求融入其中，从而在招聘过程中更好地做好人才画像，在与用人部门沟通招聘需求的时候，更多地关注候选人的能力本身，而不是传统意义上的附加条件/要素。

可以说，新生代的就业观在一定程度上反映出时代的特性。这些年新诞生的职业/工种也有很多，在讨论招聘需求时，我们要适应这种变化带来的影响。我们不应再按照传统的岗位名称去套用新的招聘需求，因为无论是用人部门，还是候选人，都必须对某一岗位有较为清晰的统一认识。在这个过程中，招聘管理者需要发挥桥梁作用，让用人部门的招聘需求通过特定的组织文化形式转变为候选人能够理解并接受的新模式。比如，过去我们把物业公司与业主对接的岗位称为物业管理员或客服，但现在，我们可能用物业管家或物业顾问，不仅从岗位名称上更好地体现对业主的服务属性，在岗位内容上也可以实质性地拓宽服务内容，衍生出更多的服务项目或增值服务。对新生代候选人而言，也更能接受新岗位名称所赋予的新内涵。这些也都是值得招聘管理者在与用人部门沟通招聘需求的过程中不断摸索和尝试的。

2.3　破局：招聘管理者不能做独行者

如何才能帮助用人部门更好地澄清招聘需求，往往是招聘管理者一直思考的问题。

从内部管理角度来看，招聘是个内部服务的过程，即用人部门是招聘部门的内部客户。但需要注意的是，从商业角度来说，用人部门并不是真正的客户，因为服务与被服务之间的界定，最重要的是服务交付和交付后的经济利益实现。从这个思路去想的话，对招聘部门而言，真正的客户是用人部门所在组织或所在组织的最高管理者，因为只有他们才能最终确认服务效果并为此支付报酬（既包含给予招聘管理者的薪金，也包含招聘过程中的渠道费用等）。所以，用人部门只是被组织或组织最高管理者赋予特定职能后，对岗位设置与候选人选拔任用的指定代理人。对这一点有了清晰的认识后，招聘管理者就很容易理解。想要把招聘需求做细致，招聘管理者必须和用人部门共同完成。招聘管理者的角色和作用，更多的是提供技术支持和指导，帮助用人部门使用科学的管理工具，实现对招聘需求的精准描述。

当然，我们有理由相信，大部分企业的用人部门并不会那么配合。所以，我给招聘管理者提供一些建议，希望能够帮助大家更好地与用人部门协作。

第一，挖掘用人部门的需求，深入了解招聘需求产生的原因。想要真正将招聘需求落地，首先，要了解招聘需求产生的真正原因。在很多时候，用人部门的招聘需求可能只是来源于部门管理者的主观感受，例如，部门内个别员工无法胜任岗位、部门内个别员工无法融入团队，甚至可能只是觉得部门内的某个员工不重视劳动纪律，把这样的员工替换掉是最简单粗暴的方法，很可惜治标不治本，找不到产生这些问题的根源，不断地替换员工并不是个好办法。当然，具有多年管理经验的用人部门管理者则可能从业务发展的角度提出招聘需求，这也是常见的原因。至少给招聘管理者提供有用的需求信息，更有助于达成招聘目标。

第二，对于新增岗位，要求用人部门提供岗位说明书。在实践中，新增岗位的岗位说明书一般应由用人部门提供。主要好处在于用人部门对新增岗位具体的工作目标、工作定位、工作内容、绩效要求、任职资格等具有更有力的发言权。有时候，招聘管理者出于好心代替用人部门制定岗位说明书，但苦于新增岗位的信息匮乏，只能通过上网查询同类岗位或相似岗位的招聘简章，然后拼拼凑凑完成岗位说明书的编写。这类岗位说明书的质量可想而知。按照这样的标准去招聘员工，招到了，算运气好，如果招不到，用人部门反过来会指责招聘部门不了解他们的真实需求。所以，对于岗位说明书，由用人部门拟写，招聘部门给予指导及审核，提供必要的建议，是最理想的合作状态。

第三，招聘需求可以随着招聘计划的实施而不断修正。用人部门的招聘需求并不是一成不变的，受限于招聘条件、劳动力市场供给变化、薪酬待遇等问题，招聘管理者会在招聘计划实施过程中发现并不如预期那样顺利。此时，招聘管理者需要将实施数据进行整合并分析，如果涉及招聘需求方面，如招聘要求过高（零售业营业员要求全日制本科、汽车修理工要求全日制硕士、职业资格技师级别以上）、要求过细（如前台岗位对年龄、身高、体重、学历、相貌、证书、外语、从业经验等做要求）、要求过窄（如必须具有某大厂工作经验或某独角兽公司中层以上岗位经历），这些都可能导致招聘管理者在招聘过程中遇到阻碍。遇到这种情况，一般我们可以考虑逐步完善某些招聘要素，在满足培养成本要求、工作环境要求等情况下，适当放宽某些要求，扩大候选人的选择范围。候选人的选择范围越广，也就意味着用人部门能挑选的余地越大，这样往往能物色到与任职要求较为接近的候选人。事实上，大部分我们在招聘过程中遇到的，也就是与岗位符合度较高的候选人，假设候选人的自身资历条件与岗位任职资格100%相匹配的话，那么候选人势必具备专业技能、行业背景、管理职级等求职优势，除非组织在招聘此类岗位时，能有充裕的招聘预算，否则这样的候选人在薪酬上往往会要求较高，招聘部门和用人部门除了考虑招聘成本外，还要考虑后续的人才培养成本、保留成本。

第四，积极运用专业度及影响力合理调整用人部门的心理预期。绝大多数的组织高层管理者关注人均效益。这也就意味着，当组织内部需要通过招聘配置来增补团队编制的时候，对于候选人的最终人才决策通常是比较谨慎的。为了能在相对有限的范围内选择最合适的员工，用人部门通常在第一次提出需求的时候，可能会忽视岗位说明书的任职资格要求，而会把岗位任职要求提得相对较高。此时招聘管理者在招聘需求审核阶段，需要运用专业度来判断这种招聘需求与市场上候选人供给量的匹配程度。如果匹配度较高的话，可以先试着进行招聘；反之，则需要与用人部门再次沟通，提供必要的、建设性的专业建议，与用人部门共同重新确定招聘条件。另外，招聘部门在确认招聘需求后，与用人部门共同制订招聘计划，在实施过程中及时向用人部门反馈招聘进度，当遇到招聘困难的时候，通过数据分析向用人部门提供可行性建议，必要时调整招聘条件，从而更好地推进招聘工作，实现招聘目标。

画重点

招聘计划是招聘实施的主要依据，而招聘需求是制订招聘计划的重要前提。对招聘需求的正确把握，必须依赖于用人部门对需求的准确描述。招聘管理者通过对招聘需求的把控，能更有效地开展招聘工作。这既为后续的招聘实施打下了良好的基础，也为最终的人才决策提供了可参考、可衡量的选拔标准。

第三章 | 水到渠成：招聘渠道的开发维护

俗话说：“巧妇难为无米之炊。”招聘渠道是组织人才梯队建设的重要资源和实现路径，无论是外部渠道还是内部渠道，只有让招聘渠道真正畅通起来，才能让组织在关键时刻拥有足量且丰富的人才去实现组织战略。随着时代的变化，招聘渠道的选择和应用成为招聘管理者重要的能力建设维度。我们通过建设招聘渠道相关的机制来实现人才开源。

如果我们对导致招聘效果不佳的原因进行分析，那么招聘渠道往往是不可回避的焦点问题之一。很多招聘管理者会感慨有效简历数量不足。目前，招聘管理者对招聘渠道的关注度是持续上升的，但是可能受组织管理、招聘管理者个体等因素影响，招聘渠道的有效性问题并没有得到足够的重视。

招聘渠道的开发与维护是招聘管理者的常规性工作。从过去传统的纸媒招聘（报纸、杂志、专业期刊等）到现在的新媒体招聘、社交招聘，可以说，招聘渠道始终随着我们的社会发展在发生变化。招聘渠道的变化也在一定程度上反映出，当代求职者获得招聘信息的渠道正越来越丰富。因此，传统的招聘渠道与新兴的招聘渠道并不存在“谁更符合求职者的求职偏好”这一说法，理论上，它们两者依然是相辅相成的关系。关键在于，招聘管理者如何根据招聘岗位合理地选择招聘渠道。系统梳理和重新认识招聘渠道，有助于招聘管理者拓宽招聘渠道，提升招聘工作的有效性。

3.1 优秀人才永远不是等来的

“现在招聘不好做，主要是因为网上收到的简历太少了。”

“招聘还是过去好做，优质简历一大堆，现在一周也不一定有合适的。”

“老板不给预算，招聘渠道就那么几个，没钱做招聘才苦。”

以上这些感慨经常被招聘管理者提及。正如我们第一章所提到的那样，现在招聘管理者的角色发生了根本性的转变。优秀人才是组织可持续发展的根本，也是组织提升核心竞争力的关键要素。对任何组织而言，优秀人才的获取都是人力资源管理首先要关注的重点工作。优秀人才永远不是等来的。因为优秀人才是任何一个组织都会渴求的，越是熟悉的行业、越是熟悉的环境，越有助于他们产生更为理想的经营业绩，他们的离职概率也相对较低。现在的招聘管理者想要通过“等、靠、要”来解决人才供给问题几乎已经不可能。从招聘管理的角度来看，对于优秀人才的招聘逻辑，可能变为“抢人”“求人”，这才更符合这个时代的现实。

产品与服务是浅层次竞争；团队之间是深层次竞争，其核心是人才资源的竞争。因此，只有通过特定的招聘渠道为组织物色合适的人才，才能使组织始终保持较为高效的运作效率，从而立于不败之地。

组织所需要的优秀人才究竟从何而来？对于这个问题，不同的组织管理者有不同的见解：有些组织管理者认为，只要组织拥有良好的雇主品牌，就可以筑巢引凤；有些组织管理者则认为，只有完善人才管理机制，才能吸引优秀的人才进入组织。前者是典型的以招聘配置来解决人才问题，后者则是以内部培养作为人才供给手段，这两者从本质上来说都是一样的，有异曲同工之处，即认为优秀人才不能单纯地通过“躺平式”管理获得，只有建立专业的招聘渠道才能招募到人才。无论是雇主品牌建设，还是人才管理机制，都是人力资源规划中的重要组成部分。基于不同行业、不同规模、不同性质、不同地域等多种因素的影响，不同的组织在进行人才招聘的时候，所能获得的资源及优势是完全不同的，这也就导致，即便是相同的招聘渠道，不同的组织在使用时所获得的效果也是不一样的。因此，组织须建立符合组织战略及业务模式的招聘渠道。

3.2　深挖外部招聘渠道的价值

招聘分为外部招聘和内部招聘两种方式。但是绝大部分的招聘管理者有招聘需求的时候，首先想到的是外部招聘。常见的外部招聘渠道包括：网络招聘、校园招聘、传统纸媒、专业服务机构、现场招聘会、专业论坛、社交媒体、公众号、企业官方渠道、社区招聘、门店海报、广播电视等。

虽然外部招聘渠道众多，但深谙招聘之道的招聘管理者对招聘渠道的选择都有自己的心得。因为即便是相同的招聘渠道，不同资历的人使用也会产生不同的效果。受制于多方面的因素，往往有经验的招聘管理者会综合多个维度来考虑招聘渠道的选择，核心重点在于获取简历的数量、质量、周期、成本等因素，从而使所选择的招聘渠道能发挥最大的作用。一般来说，可以从以下七个关键价值来综合考量。

一是组织管理水平。招聘渠道的选择必须与组织当前的管理水平相匹配。有些招聘管理者容易低估了组织管理水平对招聘管理的影响，认为招聘渠道建设就要选最好的，但是往往事与愿违。主要原因就在于当一些新鲜事物与传统观念碰撞的时候，并不一定能得到别人的认可与支持。典型的例子就是，有些组织管理水平滞后，习惯于内部推荐或网络招聘，就不太能接受费用高昂的猎头服务，甚至在招聘预算方面的投入力度较小。而当组织管理水平较高的时候，更追求人才配置效率，纯粹地依靠守株待兔式的网络招聘肯定不行，而要通过社交招聘、猎头服务，甚至内部人才猎聘来满足岗位需求。

二是雇主品牌形象。招聘渠道的选择在一定程度上与招聘管理者所在组织的雇主品牌有关。比如，一些规模较大的知名品牌或者高新技术企业，通常它们所招聘的岗位要求都比较高，所以它们在选择招聘渠道的时候，往往运用知名度较高、专业技术人员较为集中的网络招聘平台，或者是使用中高端猎头。而与此相反，一些劳动密集型企业或者是中小规模的企业，它们往往招聘的岗位要求较低或数量较大。为了达到更好的招聘效果，它们可能选择知名度较高、基层岗位人员较为集中的网络招聘平台，或者是使用职业中介机构、劳务派遣公司等。一般情况下，组织不太会使用与自身雇主品牌形象不符的招聘渠道，因为这既有可能导致招聘效果不佳，也可能对雇主品牌形象产生负面影响。

三是招聘预算成本。组织在选择招聘渠道的过程中，很大程度上受制于招聘预算。不过，有经验的招聘管理者依然可以将招聘预算的效益发挥到最大化。我们都知道，拥有更多的招聘预算就能获得更优质的招聘渠道。不过通常情况下，绝大部分组织在招聘预算方面的投入力度并不足。因此，招聘管理者在有限的招聘预算内，会尽可能地选择性价比最高的招聘渠道，甚至将收费招聘渠道（网络招聘、猎头服务）与免费招聘渠道（公共职介服务、校园招聘）进行组合。有条件的组织会推广内部推荐机制，用较少的招聘成本撬动内部员工推荐的积极性。另外，通过与一些商业机构的初次合作，有一定概率能获得较为理想的体验价或结算费用折扣，也能满足偶发性的招聘需求。

四是岗位招聘周期。我们不难发现，岗位招聘周期越长，整个招聘成本越高（主要体现在间接招聘成本），因此，有些企业会将岗位招聘周期纳入对招聘管理者的绩效考核中。那么在做招聘渠道选择的时候，招聘管理者也必须将岗位招聘周期纳入评价因素。对于中高层管理岗位，猎头服务效果好、周期短，但预算费用相对较高，如果换成普通的网络招聘，虽然费用低了不少，但招聘周期可能会变长，这就需要结合招聘预算综合考量。另外，招聘管理者还需要将招聘频率考虑进去，例如基层员工的定期批量招聘，在招聘预算可控的情况下，可以通过职业中介或劳务派遣来完成，从而可控制岗位招聘周期，招聘管理者也可以摆脱一定量的事务性工作，去完成更高层级的招聘任务。

五是地域差异性。无论是哪一种招聘渠道，在不同的地域可能发挥的作用也有所差异。例如，全国性的网络招聘平台对一线、二线城市的招聘可能比较有效果，但是如果是在三线、四线、五线城市，虽然会覆盖，但其招聘效果可能并不理想。反倒是当地的一些招聘门户网站能达到更好的招聘效果。另外，即便是在同一城市，因为商业机构的资源投入力度、客户合作习惯或客户岗位投放质量等因素，同样是网络招聘也会呈现出较大的差异性。因此，当招聘管理者在异地或新城市开展招聘工作前，要先熟悉不同招聘渠道在当地的差异性，才能有的放矢地进行选择，确保招聘效果事半功倍。

六是渠道影响范围。不同的招聘渠道，影响范围也不一样。一般来说，招聘渠道的影响范围可以分为纵向影响和横向影响两种。横向影响是指覆盖面比较广，但影响深度较浅的，比如网络招聘，在一线、二线城市的覆盖面比较广，也比较容易收到简历，又如海报招聘，可以应用于门店招聘或社交招聘，传播信息方便也比较能抓住求职者的心理，但两者的通病是难以找到高管人才。纵向影响则是指覆盖面精准，但影响深度较深的，如猎头服务，可以针对某个特定行业甚至特定组织，实现人才定向招募。所以，在实践过程中，我们要根据不同的招聘岗位选择不同的招聘渠道。根据招聘渠道的影响范围，我们应提前进行拓展并进行必要的维护，以便在需要招聘的时候从容匹配。

七是用户求职习惯。招聘渠道没有好坏之分，只有合适与否的区别。不同的求职人群对招聘渠道的使用习惯是不一样的。例如，劳动密集型组织需要的基层员工的求职习惯通常是朋友推荐、职业中介、门店海报或者是某些互联网城市服务垂直招聘平台，他们一般会在居住地附近寻找合适的工作机会，不一定会习惯通过某些求职App获取求职信息。了解这些用户的求职习惯，对招聘管理者而言，能更精准地管理招聘渠道，把握求职者的求职动机，在招聘广告上更加突出组织的岗位竞争优势，从而获得更多符合岗位需求的高质量简历。另外，了解用户的求职习惯，能进一步提升招聘效率，有效缩短招聘周期，实现招聘成本投入产出比的最大化。

3.3　探究内部招聘渠道的运用技巧

在我们日常的招聘工作中，如果提到招聘渠道，可能首先想到的就是外部招聘渠道，但其实内部招聘渠道也是非常重要的人才来源。那么，有些招聘管理者可能会说，内部招聘就是内部推荐，这其实是对内部招聘渠道了解不全面导致的。内部招聘渠道可以分为四大类：内部晋升/轮岗、内部竞聘、内部员工推荐和非正式工转编制。可见，内部推荐只是内部招聘渠道的方式之一。下面，我们对内部招聘渠道的运用技巧做阐述。

内部晋升/轮岗

内部晋升/轮岗也算是内部招聘吗？其实从招聘配置的角度来说，无论是内部晋升还是轮岗，其根本目的都是让合适的人在合适的岗位上实现人岗匹配，只要是满足岗位人员配置的，都可以视为招聘工作。内部晋升和轮岗容易被招聘管理者忽略的原因有很多，最主要的原因可能是该工作目前在组织内部不属于招聘模块，招聘主要还是从外部获取，加入组织后的人才培养由其他模块负责。虽然这里面涉及的管理问题有很多，但作为招聘管理者依然要知晓这个重要内部招聘渠道应有的实施技巧。

实施关键点：

第一，必须以绩效为依据，有计划地开展。内部员工晋升/轮岗应当提前进行计划，对是否能纳入晋升或轮岗名单，可以参考员工的绩效数据。临时性的晋升不利于员工提前做好胜任岗位的准备，而临时性的轮岗更容易导致员工的心理/情绪变化。通过有计划的晋升/轮岗，在招聘需求内部分析及制订招聘计划时，可以对候选目标更清晰。

第二，需要关注团队成员内部平衡性。通常组织在做薪酬设计时会考虑内部的公平性，同样地，内部晋升/轮岗也需要考虑内部的平衡性。这里的平衡性是指所有的团队成员都能明确晋升/轮岗要求，拥有相对均衡的机会，并且考虑到团队成员的工作风格或行为风格，结合职业发展计划，匹配具有成长性的岗位，从人才发展角度更好地培养潜力人才。

第三，应当给予用人部门必要的人事权限。内部晋升/轮岗不建议由招聘管理者或人力资源部门负责人单方面决定。招聘管理者或人力资源部门可以作为流程的参与方与审核方。员工所在部门的负责人或分管领导对空缺岗位有建议权和决策权，另外，给予用人部门必要的人事权限，有利于他们管理团队。

第四，对于员工跨公司/部门调动需要采取谨慎的态度。从员工职业生涯发展的角度来看，无论是晋升还是轮岗，都有可能离开当前公司或岗位，尤其是集团型企业，可能存在上下级公司之间的调动，对熟悉了当前业务板块的员工而言，意味着投身到新的工作环境中。因此，遇到此类情况，要充分考虑员工的适应性及团队融合等情况，采取较为谨慎的态度，一般在调动前会主动征询员工本人的意见，以最大限度地减少员工的焦虑及工作调动带来的不便。

内部竞聘

内部竞聘是很多组织在招聘配置或人才培养方面经常使用的管理方法。内部竞聘能够给予组织内部优秀人才更大的实践平台，畅通员工的职业发展通道，激发员工之间的良性竞争意识，有助于增强团队的向心力和凝聚力。一般内部竞聘分为两种模式：一种是择优式竞聘，即组织提供与员工现有岗位相比职级更高的岗位，让员工之间充分竞争，优中选优，选择最为合适的人才担任新的岗位；另一种是劣汰式竞聘，即组织提供与员工现有岗位职级相同的岗位，但岗位编制数少于目前在岗人数，通过多轮评选结果，最终优胜劣汰，使不符合目前岗位要求的员工，按照组织提供的人才发展计划或职业发展通道，轮换到其他能胜任的岗位上，从而更好地发挥所长。这两种模式都是从人才发展的角度出发，能使组织不断优化岗位结构，提升人才使用效率。

实施关键点：

第一，必须明确竞聘岗位的岗位职责及任职要求。在竞聘活动启动前，招聘管理者就必须制订详细的竞聘实施方案，经与用人部门沟通后，明确竞聘岗位的岗位职责及任职要求。这样做的好处是，能在报名环节明确竞聘候选人的选择范围，让不符合条件的报名者知难而退，提升筛选效率，也能通过竞聘活动，重新对竞聘岗位进行工作分析，在组织内部适时调整岗位工作内容，并且有针对性地进行竞聘考核，可谓一举多得。

第二，竞聘报名环节要尽量公正、透明、公开。岗位竞聘最容易引起员工诟病的就是“萝卜招聘”“暗箱操作”。本着“人尽其才”“公开透明”的竞聘原则，首先，在竞聘报名阶段要实现全员覆盖，比如通过海报张贴、内网提示、公众号发布等方式，尽可能让所有潜在候选人都能知晓竞聘活动；其次，所有竞聘候选人的个人简介可以在审核通过后进行公示，既是对竞聘活动的预热，也是信息公开的过程；再次，可以提前告知竞聘活动的具体时间，欢迎员工代表届时现场观摩；最后，对竞聘结果现场进行宣布。这些操作细节，都是为了让竞聘活动真正能达到组织者的预期目标。

第三，协调好员工与所在组织的关系。对招聘管理者来说，组织竞聘初期最希望看到的成果就是，符合条件的潜在候选人跃跃欲试，报名者众多。但是由于组织内部企业文化、团队文化、管理者个人风格等因素，有些真正的优秀人才未必会主动报名。所以，竞聘既需要考虑对优秀人才的筛选，也要考虑到潜在候选人与所在组织的人际关系处理，为潜在候选人的报名创造有利的条件。另外，招聘管理者也需要做好内部动员，让意向中的潜在候选人积极报名，必要时，招聘管理者也可以通过特定的奖励机制来促使竞聘活动得到顺利实施。

第四，对于落选人才及时给予必要的关注。能在竞聘活动中胜出的毕竟是少数，对于未能竞聘成功的落选者，招聘管理者必须及时给予必要的关注。所谓及时，即在竞聘活动公开揭晓结果以后，需要第一时间对落选者给予关注。所谓必要，指的是要通过较为正式的反馈形式给予关注。一般来说，招聘管理者可以通过正式电子邮件或信件的形式，对落选者表示安慰，对其在竞聘活动中的表现给予正向评价及肯定，鼓励他们调整心态，有条件的话，可以对其落选原因给予解释说明和提供建议。对于的确表现优异的员工，可以推荐至组织内部其他人才发展平台。可以说，竞聘活动不仅使竞聘岗位得到填补，更重要的是，在此过程中激发内部员工的归属感和使命感。优质的竞聘活动给员工以希望，而不当的操作细节则容易导致优秀人才的流失。

内部员工推荐

内部员工推荐，通常又被称为内部推荐，是指由组织内部员工为组织空缺岗位推荐人才。内部推荐是很多招聘管理者会选择的招聘渠道，原因如下：一方面，由于内部员工比较熟悉组织内部情况，推荐人才的匹配度和成功率相较于网络海选要高很多；另一方面，内部推荐的管理成本较低，在招聘预算有限的情况下能很好地提供候选人资源。不过要想把内部推荐使用得当，一些必要的机制设计和管控手段还是需要的。

实施关键点：

第一，尽量设置内部推荐奖励机制。对于内部推荐奖励机制的设置，在我工作的这些年里，主要听到两种声音：一种是建议设置，拿出招聘预算的一小部分给予推荐者，这样可以提高员工的推荐积极性，而且根据岗位的不同，给予分层奖励。另一种是不建议设置，因为被推荐者往往是推荐者的亲戚、朋友或老同事，推荐者的推荐行为是对组织的义务，组织给予被推荐者工作机会就是对推荐者最大的奖励。我认为，在组织有条件的情况下，推行奖励机制的确更符合推荐者的内心渴望，让推荐者能真正融入招聘管理中，也符合人才管理的预期要求。如果确实需要设定内部推荐不予奖励的特定情形的话，可以在张贴招聘简章前或在内部推荐方案中进行约定（如人力资源条线员工推荐无法领取、招聘岗位的直属上司推荐无法领取等）。

第二，必须完善内部推荐流程。内部推荐的弊端之一就是容易形成小团体，因此有些组织的内部推荐基于企业文化或人际关系等原因，对于推荐者的真正情况有所隐瞒，这样做不利于招聘管理的正常开展。因此，招聘管理者必须对内部推荐流程进行完善，如制作员工内部推荐表，对包括推荐人姓名、与被推荐人关系等必要的信息进行采集，推荐者应当如实进行填写并签字确认。内部推荐表并不一定需要和被推荐者的求职登记表一起流转，但需要由人力资源部门审核确认，最终作为领取内部推荐奖励的依据。又如对内部推荐奖励的领取规则需要规定清楚，这样能够帮助推荐者更好地了解何时可以获得相应的奖励。

第三，招聘信息需要广而告之。岗位招聘信息是对全体内部在职员工进行广泛宣传的，只有这样才能让更多的人参与到内部推荐工作中来。我遇到过某些公司只通过OA系统进行公布，没有OA账号的基层员工无法获取信息，这样的内部推荐效果就会打折扣。招聘管理者应当充分运用公司内部资源，如OA系统、电子邮件、海报张贴、易拉宝展示、企业公众号等多种宣传渠道进行宣传，定期更新岗位招聘进度，对于长期招聘岗位可以特别注明，对于奖励机制应当明确提示，这样才能达到更好的效果。

第四，遵守招聘标准。有些招聘管理者碍于人情世故，对内部推荐放低录用标准，实际上这是非常不明智的做法，这样会弱化内部招聘的严肃性，降低人力资源部门的专业性。对于内部推荐依然需要按照岗位胜任力标准进行选拔，该完成的面试流程一个都不能少。在遇到同一岗位有外部招聘渠道候选人的时候，招聘管理者应当对所有候选人进行客观公正的评价，这样才能为组织挑选到最合适的人才。

非正式工转编制

近几年，随着现代人力资源服务业的蓬勃发展，劳务派遣和人事外包（统称为第三方人力资源服务公司）已经越来越被各组织所接受。有些劳务派遣员工和人事外包员工可能在一家组织内部工作多年，但依然无法纳入组织正式岗位编制中。不过也有比较幸运的，当甲方出现岗位空缺的时候，会优先考虑将劳务派遣员工和人事外包员工转入正式编制内，在非正式工转编制的过程中，有一些操作细节需要招聘管理者注意到。

实施关键点：

第一，处理好与员工原公司的关系。我见过因为非正式工转编制而引起甲方招聘管理者和员工原公司纠纷的事情。原因就是该员工所在的人事外包公司认为甲方把他们的核心骨干员工挖走了，对外包团队其他在职人员产生了影响，不利于外包团队的管理。其实，这件事情本可以避免的，一般如果出现需要挖脚的情况，甲方招聘管理者会与业务团队负责人和相关第三方人力资源服务公司负责人/对接人提前沟通，对拟转编制员工的调动计划和工作部署进行协商（转编制员工原则上不在当前公司就职等），寻求对方的理解、支持与配合，避免双方合作出现裂隙。

第二，尽量选择已为组织服务较长期限的。同样是选择第三方员工转编制，原则上建议选择已为组织服务期限较长的，一方面是甲方对有较长服务年限的转编制员工的工作表现及绩效情况有比较全面的了解，另一方面也有助于第三方员工团队稳定，让那些兢兢业业、恪尽职守的员工能获得更好的发展机会。但需要注意的是，甲方招聘管理者也要考虑到员工转编制后在公司的可服务年限，如果距离退休已经较近或发展潜力较低的，建议慎重考虑。

第三，转正尽量不高于原职级。在第三方员工转正实践中，出于对团队内部平衡性问题的考虑，一般转编制后不会高于原职级。因为虽然可能已为组织服务多年，但毕竟两个组织之间的企业文化、管理模式、团队风格等还是存在差异的，转编制员工在原岗位上表现优异，但未必转编制后依然能保持相应的绩效，这里面存在一定时间的岗位适应性，如果贸然在转编制的同时进行升职，无形中提高了管理风险。一般对于转编制员工，可以考虑职级平移或不高于原职级（通常适用于跨专业部门），待一个完整考核周期结束后，重新对员工岗位胜任能力进行评估，从而决定新的人事任用决策。

3.4 组合使用招聘渠道，效果更佳

不知道大家是否考虑过这样一个问题：既然招聘渠道能帮助我们获得更多的候选人简历，那招聘渠道真的是越多越好吗？

其实，回答这个问题，需要思考的是：

其一，这个招聘渠道的岗位覆盖范围如何？

其二，这个招聘渠道的维护成本是否高昂？

其三，这个招聘渠道的历年招聘数据情况如何？

这三个问题是有关联的，能为部分岗位提供覆盖获取简历、性价比合理的维护成本（包括直接成本和间接成本）、良好的招聘数据分析结果，是对招聘渠道维护的评价维度，也是作为招聘管理者经常会提及的单个简历获取成本，经过整理后，我们可以将其总结为：影响力、有效性、回报率。

影响力：招聘信息在特定范围内尽可能地覆盖目标人群。

前文提到过，任何招聘渠道都是有一定局限性的，因此在做招聘的时候，招聘信息应尽可能地在特定范围内覆盖目标人群。这个特定范围，可以是一个区域（如华东）、一个城市（如北京），也可以是一个组织（如独角兽公司），甚至是一个团队（如某大厂研发团队）等，关键是目前采用的招聘渠道能否让目标人群知晓我们的招聘信息。

有效性：在最短时间内收集最大数量的高质量简历。

有效性评价中有3个关键词，即最短时间（招聘周期）、最大数量（数量充足）和高质量（符合岗位预期）。对任何一个招聘渠道而言，高质量简历对招聘管理者来说肯定是最有价值和吸引力的，通过招聘漏斗就能清晰地分析各个招聘渠道的数据构成，从而更好地帮助招聘管理者评估招聘渠道。

回报率：不同阶段的招聘数据与最终预算投入之间的对比。

任何招聘渠道的开拓和维护都有成本，最直观的肯定是招聘预算的投入情况。但即便是免费的招聘渠道，也要将招聘管理者的薪酬、与机构的沟通成本、渠道日常维护成本、简历筛选成本等间接招聘成本放进去。我们这里为了易于统计，一般只按直接招聘成本计算，对每个阶段的招聘使用情况进行分析。

虽然我们可以通过上面3个招聘渠道评价维度，对日常使用的招聘渠道进行维护，但是在实践过程中，对招聘渠道进行综合评价的时候，根据组织实际招聘需求，对于这3个评价维度需要设定权重，甚至可以细分为一级权重和二级权重，从而更全面、客观地分析。只有当评价指标相对固定的时候，才能在众多招聘渠道中横向比较出更符合组织需要的高性价比招聘渠道。

当你分析完招聘渠道以后，再回头看我们最初的那个问题，真的是招聘渠道越多越好吗？答案显然并非如此，因此招聘管理者真的不必一直拓展新的招聘渠道，虽然这样你的招聘供应商信息库会显得很丰富，但是如果不淘汰那些低效的招聘渠道，你真的没有办法把时间和精力集中在更优质的招聘渠道上，除非那些招聘渠道只是个信息，你并非真的会使用它们，那如果这样，又何必一直更新这些招聘渠道的评价数据呢？关注招聘渠道质量，而非招聘渠道数量，千万别把有限的时间投入无限的渠道拓展与维护中。

既然招聘渠道不需要一直拓展，那么现有的招聘渠道我们该如何维护和选择呢？其实非常关键的前置条件是，招聘管理者对招聘渠道的特性非常了解，即招聘管理者在选择招聘渠道前，应当非常清楚外部招聘渠道和内部招聘渠道的优劣势，这样才能在实际招聘过程中灵活选择使用。既然没有“一招鲜吃遍天”的招聘渠道，那么我们就要学会将招聘渠道组合使用。首先就是对外部招聘渠道和内部招聘的优劣势进行分析。

对外部招聘渠道来说，其优势非常明显：带来外部的新思路、新方法；能激发现有员工的积极性；在团队内部产生鲇鱼效应；引进的人才直接可用，减少了培养周期；对组织内部人际关系的影响也相对较小。不过其劣势也不可避免：人才的获取成本较高；空降兵可能出现“水土不服”；引进的人才需要较长时间的适应和调整；可能对团队内部人才产生心理打击。总的来说，在招聘预算充足的情况下，外部招聘渠道的确可以优先使用。

对内部招聘渠道来说，其优势在于：招聘成本较低；有效简历数量较多；招聘周期可以缩短；形成相对稳定的人际关系网络，更加有利于目前团队的整体稳定；给予员工职业发展空间，有利于激励员工。但其劣势则是：内部培养成本较高、周期较长；不利于组织内部竞争力的提升；因为个别员工的晋升，可能导致部分关键人才流失；容易滋生“小帮派”“小团体”。总的来说，在内部人才管理机制完善的情况下，可以加大内部招聘渠道的投入力度，与企业文化、人才发展等模块实现联动，提升人才使用效率。

那有没有外部招聘渠道与内部招聘渠道的合理分配比例？这个目前没有统一的标准。

就像我们之前提到的，每个组织的情况都不一样，甚至不同招聘管理者的管理风格、操作方法也不一样，能真正根据组织战略及经营发展目标灵活地选择招聘渠道才是最佳的。但是我们可以做到的是，建立招聘供应商信息库、定期对招聘数据进行分析、及时复盘招聘项目执行情况，这都能够帮助我们更好地使用招聘渠道，从而做出合理的渠道矩阵。

3.5 重视招聘广告的合理设计

招聘渠道是招聘管理者开展招聘工作的重要载体，但俗话说“工欲善其事，必先利其器”。招聘渠道固然能覆盖目标人群，但真正能在很大程度上吸引潜在候选人投递简历的，必定是招聘广告。一般，招聘广告的设计有两个目的：其一，吸引优秀人才的加入；其二，宣传企业雇主品牌形象。一个用心构思、制作精美的招聘广告更能引起目标人群的关注，从而产生投递简历的意愿。

让我印象比较深刻的是，某些连锁餐饮门店使用的招募海报。在2000年前后，海报最主要的两个内容是公司介绍和岗位介绍，那时候门店岗位工资待遇差别不算很明显，所以求职者基本上只是为了找份工作。但随着互联网的兴起，基层岗位收入也逐渐拉开差距，到2010年前后，招募海报上新增了岗位工资和工资结构，并逐步出现岗位晋升路径图，从而更好地吸引基层求职者。不过，随着“90后”“00后”迈入职场，他们更关注的是企业氛围和工作环境，因此近几年很明显的就是招募海报加入了企业文化元素，有些主打家文化、亲情文化，凸显良好的工作环境和团队氛围等。所以，招聘广告只有与时俱进，才能满足不同人群的求职需求。

以下这9条建议能提升招聘效果：

第一，核心诀窍：选择合适的招聘广告发布渠道。

第二，使用符合对象群体浏览或阅读习惯的设计理念（如职业发展路径、短视频）。

第三，明确招募条件（岗位职责、任职资格等）。

第四，合理设置人才招募策略（宽口或窄口）。

第五，符合国家法律法规要求，避免出现就业歧视和偏见（信息合规性）。

第六，具有吸引力的企业简介（企业性质、发展历程、企业文化、行业地位等）。

第七，对优秀人才期望加盟的积极态度（让人感觉温暖、可亲的语言表述）。

第八，具有竞争力的薪酬福利待遇（司龄工资、班车、宿舍环境等）。

第九，留下必要的联系方式，方便求职者投递简历。

以上9条建议应当根据不同的岗位、不同的招聘渠道进行组合使用。组合使用的关键在于，招聘管理者能把握好不同岗位或不同层级候选人的求职心理。只运用一种设计理念去招聘不同的岗位，实际效果是大打折扣的。比如，劳动密集型的基层岗位，他们可能更在意食宿情况、工作时长、收入情况等，而知识密集型的基层岗位，他们关注的可能是职业发展空间、企业在行业中的地位、通勤交通时长等。不过，我们也应当清醒地意识到，招聘广告对招聘组织中基层岗位的传播效果较好，不太适用于组织高管。

我们还应注意到，招聘广告也是广告的一种。因此，在编排过程中应当充分考虑到主次关系，需要对图片、文字、图形、标题、符号、Logo等进行精心策划，以凸显公司及招聘岗位的竞争优势。对于公众号招聘广告要注重文案拟写，可以通过目标人群调研等方式了解潜在候选人的求职动机及求职需求，引发阅读者的情感共鸣。对于运用视频号或其他短视频平台发布招聘广告的，一定要提前做好脚本和预演，为了确保效果，也可以寻找专业机构进行策划发布，使招聘广告具有更强烈的传播热度及感染力。新媒体招聘越来越普遍，如果浏览者能将公众号文章或短视频转发、推荐，则能进一步提升招聘信息传播效果，会覆盖更广泛的范围，这个也是未来招聘管理者需要着力研究的新领域。

画重点

招聘渠道是满足组织人才供给的重要保障。就招聘渠道本身属性而言，并没有好坏之分，关键是招聘管理者要把握好招聘渠道与招聘岗位之间的匹配程度。在最短的时间内，通过合适的招聘渠道为组织物色到充足的、高质量的岗位候选人，这样的招聘理想状态，注定需要招聘管理者在日常管理中对招聘渠道的建设与维护给予更多的关注。

第四章 知微见著：把控筛选简历的细节

对大多数招聘管理者而言，筛选简历几乎是每天必做的工作。但筛选简历本身就是个主观性较强、难以细化衡量标准的环节。虽然我们可以按照岗位说明书把那些不符合硬性指标（如学历、行业背景、管理经验等）的求职者直接过滤掉，但实际上求职者对简历有极大的自由发挥空间，简历并不一定能全面、客观地反映求职者的真实情况，这就给企业用人决策带来了干扰。因此，招聘管理者必须具备对简历信息细致分析的能力，提高简历筛选效率、识别并降低人才决策风险。

简历，是现代职场人再熟悉不过的名词。顾名思义，简历就是对个人学习经历、职业履历、兴趣爱好及其他与应聘岗位相关的简明扼要的书面介绍。随着时代的发展，简历正成为求职者在职场上的“浓缩名片”。招聘管理者通过对简历的筛选与审核，能快速了解求职者的基本信息，在与招聘岗位的任职资格匹配后，决定是否需要进一步沟通或进行面试。因此，简历的质量高低直接成为求职者能否获得一次面试机会的重要“敲门砖”。岗位竞争越来越激烈，有些知名企业一旦发布岗位招聘信息，就可能收获几百甚至上千份简历。在面对数以百计的简历时，对招聘管理者而言是海底捞针的过程，会面对各种各样的信息。有些简历看似不错，实则存在很多疑点；有些简历虽然字数不多、排版一般，但是能突出重点；有些简历花里胡哨，文字表述不知所云。熟练的HR只需要15秒就可以筛选一份简历，可以说，简历筛选虽然是基础工作，但也非常考验基本功。

4.1　筛选简历时间节点的考量因素

招聘管理者一般会在什么时候筛选简历？是每周或每天固定时间筛选，还是随机筛选？我认为，可能每个招聘管理者的筛选习惯都不一样，当然，这里面也受多种因素的影响，比如说有些人白天忙于面试、开会、邀约等事情，只有晚上才有时间筛选简历，有些人则在通勤路上筛选简历，有些人则会在固定时间段进行集中筛选。考虑到招聘流程中简历筛选与面试邀约（或电话面试）等的有效衔接，招聘管理者在筛选简历时，主要考虑以下四个要素：

第一，要充分考虑求职者的投递习惯。一般在职的因为白天忙于工作，通常投递时间会在晚上或周末；而处于失业状态的，则一般在工作日的工作时间段投递。

第二，保持必要的发布间隔时间。新发布的岗位一般前几天投递量较多，而超过首次发布时间7天的岗位（重新发布的岗位也视为首次发布），日均收到的简历量会有所下降。

第三，充分考虑内部简历筛选流程的周期长短。一般经过招聘管理者初筛的简历会给到用人部门复筛，要结合用人部门筛选简历的周期，储存一定量的优质简历分批给予，避免零敲碎打式的给予，这样用人部门才能更好地对比简历质量，提高筛选效果。

第四，要考虑到对后续面试安排的影响。遇到节假日或组织内部重大活动的，一般建议招聘面试官在这之后筛选简历。因为节假日会导致求职者的求职意愿明显下降，组织内部重大活动则容易导致用人部门忙于筹备活动而降低简历筛选效率，这两者往往容易影响后续的面试安排工作。

4.2 筛选简历的硬性条件与软性条件

简历筛选是招聘面试的前置条件。只有把好简历筛选这一关，才能提高招聘面试的成功率。筛选简历的基础是将简历与招聘岗位所适配的岗位任职资格及胜任力进行匹配。目前有些组织还会将简历中所表达出的信息与企业文化、核心价值观等进行匹配。其实，有经验的招聘管理者会发现，绝大部分简历能承载的信息量非常有限，面对众多简历，能在最短时间内找到想要的简历，就需要抓住简历中的核心信息，只有这样才能把符合要求的求职者挑出来。

其实，筛选简历是个信息过滤的过程，先粗筛、后精选方能找到合适的求职者。在筛选简历的时候，硬性指标和软性指标是我们经常会考虑到的简历评价维度。通常粗筛的标准就是对硬性条件进行评判，指标具有一票否决权。精选的标准是软性条件，指标在同等情况下具有加分项的辅助作用。硬性指标越多，往往筛掉的简历也越多，这些被筛掉的简历并不是不优秀，只是被一些所谓的"标准"拦在了面试门外。因此，并不是硬性指标越多越好，这样会错过优秀人才，毕竟人无完人，简历也并不能完全代表一个人的能力。不过硬性指标也不是越少越好，这样简历筛选就起不到应有的"漏斗"作用，反而会增加招聘管理者及面试官的时间。所以，简历筛选的硬性指标应当根据招聘岗位的工作难易程度及岗位胜任要求综合评断，其实就是个平衡的过程。

那么常见的硬性指标和软性指标有哪些呢？

硬性指标：按岗位任职资格要求，淘汰明显不符合要求的简历。

年龄：年龄在一定程度上也代表着职场经验，例如，刚毕业没几年的应届生，虽然年龄有优势，但不一定适合应聘中高层管理岗位。同等录用条件下，招聘管理者则会认为年龄偏小的求职者更具有培养潜力，年龄偏大的更具有实战经验。

教育经历：学历是体现求职者综合素质和能力的一个考察维度，教育经历需要和岗位任职资格相匹配，要求过高，容易大材小用或导致简历备选量过少。

工作年限：工作年限一般指求职者的工龄，工龄在一定程度上可以体现求职者的综合能力。

岗位经验：岗位经验是指求职者与应聘岗位相同或相近的职业履历。对于基层员工岗位，岗位经验要求可能较低，但基层管理者以上的岗位，通常会对岗位经验有明确要求。

期望薪资：求职者的期望薪资如果远高于组织能给付的水平时，很难招聘成功；反之，也可能存在一定的用人风险，需要结合职业履历综合判断。

培训证书：部分招聘岗位对证书有严格的要求，如要求某些执业资格证书、职称证书、职业资格（职业水平认定）证书或强制持证上岗类证书。

对于硬性指标的简历筛选方式，我一般会建议采取“核心硬性指标+必要硬性指标”这样的模式来综合评价。

所谓核心硬性指标，即这些指标是求职者应聘岗位成功后，对未来绩效会产生较大影响或起决定性作用的因素，与任职资格密切相关，如教育/培训经历匹配度、行业/职位经历匹配度、项目经验匹配度等；而必要硬性指标则是招聘管理者根据公司管理水平及岗位综合数据得出的优先选拔标准，或有利于促成人才吸引，如期望薪资匹配度等。

软性指标：在同等的硬性指标条件下，优先考虑录用的评价因素。

户籍地：遇到异地招聘的求职者，有些出于回老家或老家附近工作的心理，工作地点与户籍地越接近，则成功率也越高。

居住地：简历上的居住地如与工作地点相近的，有利于降低求职者的通勤成本，从而提升求职意愿，在期望薪资方面也可能做适当的让步。

到岗时间：如果是离职员工，通常到岗时间会较快；如果是在职员工，则从收到录用通知书之日起，可能需要一个月的离职期，根据招聘岗位到岗要求时间来综合考虑。

在校情况：在进行校园招聘的过程中，招聘者往往会特别注意在校情况，包括学习情况、专业论文发表情况、实习情况、担任学生干部情况（校级、院级、班级、社团）等，有些应届生可能还会有创业经历或国际/国内大型竞赛经历。

求职方向：求职者的求职方向如果和实习/职业经历较为匹配的话，通常录用后上手的速度会比较快；如果匹配度较低的话，则存在职业目标不清或转行的可能性。

自我评价：有些求职者的自我评价会将个人履历、优势、项目经验等用最简单的语句表述清楚，这有助于招聘者快速了解求职者（但目前越来越多的简历优化服务会影响这个指标的评价效度）。

以上这些就是硬性指标与软性指标的大致介绍，在实战过程中，简历中的更新日期、附加信息、推荐信等也都可能成为筛选依据。硬性指标与软性指标是相互独立的，即指标与指标之间不会重复出现，这样有助于分类判断，但两者之间也是相互关联的，即指标与指标之间存在一定的关联关系，如硬性指标接近或相同的时候，软性指标可以作为其的有益补充。有经验的招聘管理者，会在正式筛选简历前与用人部门确定硬性指标及软性指标，在浏览简历的过程中会快速匹配信息，完成初步判断。

4.3 简历中常见的五大风险点

随着现代社会对求职者的任职要求越来越高、越来越细，很多第三方机构会为求职者提供简历优化服务，不少提供服务的可能原来也是甲方的招聘管理者，这样就颇有点“以子之矛，攻子之盾”的感觉了。对于简历的修改和润色，到底是属于“修饰”还是“造假”，仁者见仁，智者见智。笔者认为，关键还是在于一个“度”。对于知识、技能、学历、工作履历这些直接与岗位胜任判断有关的信息，求职者或多或少都会有所润色，但“修饰”的前提是的确做过或拥有过，只是经过了更好的提炼和升华，适度进行了夸大；而“造假”则是无中生有，混淆概念，故意误导招聘管理者作出不利于企业人才决策的错误判断。

因此，简历的直观评断对招聘管理者提出了更高的要求。一方面，目前市场上热门岗位简历不断，很多参差不齐的简历充斥其中，甚至经过“包装”以后，身价不菲。另一方面，很多岗位的简历一纸难求，好不容易得到一份就视之如宝，很容易导致降低录用要求。但是无论如何，对于简历的真实性，还是应当慎之又慎。如果招聘管理者具备识别能力，那很大程度上就能有效地规避用人风险。

通常，大部分经过润色的简历都有可能百密一疏，存在一定的瑕疵。常见的高风险简历的主要关注点体现在以下五个关键细节。

- 违背常理的职业发展逻辑

按正常情况，求职者在某个行业或某个岗位上工作多年，除大小公司之间跳槽导致的职位落差外，在每段经历之间，大部分求职者的职业发展应当是螺旋式上升的，且岗位与岗位之间按规律提升。如果在简历中发现求职者之前（或在职）工作时间不长，但是应聘的却是相较于之前（在职）职位落差较大的岗位级别，那么就要慎重考虑是否简历上的岗位有捏造可能或者是之前（在职）岗位无法胜任的情况。

当然，部分互联网行业企业或者是初创型企业为了吸引人才，给予较高的抬头也是可能的，通常简历上的抬头会冠以“总监”“大中华区”“亚太区”“首席”等，而实际上所处的初创型公司可能只有几十个人，或者就是所在的互联网企业的组织架构设置了较多的管理层级，这些与真正跨国企业或大中型企业的岗位设置规范完全不同，招聘管理者也应当考虑到这点，不要被对方的职位名称所迷惑。

具体如表1所示。

表1　简历中常见的职业发展路径与风险等级

序　号	简历中常见的职业发展路径	风险等级
1	同行业同规模岗位级别螺旋式上升	弱
2	同一公司多年未动，跳槽跨两个层级	中
3	短时间内频繁跳槽，职级多变化	强
4	跨规模跳槽，职级跨两个层级	强
5	跨行业跳槽，职级跨两个层级	强
6	从行业内知名企业到普通企业平级跳槽	强

案例

笔者就曾在内部推荐的简历中看过，张某毕业后在某IT公司工作两年，职位从薪酬专员直接到某大型商业地产总部担任薪酬经理，初步判断就存在蹊跷。笔者经过面试发现，张某实际上依然只是薪酬专员。其为了获得面试机会，夸大了事实。张某与我们正在招聘的薪酬主管的岗位要求存在很大的差距。

• 使用模糊性的描述词

有些求职者为了在求职简历上遮掩能力欠缺或事实经历等影响求职的关键因素，往往会选择使用模糊性词语。一般来说，使用模糊性词语的简历，主要体现在水平能力模糊、教育经历模糊、岗位职务模糊、工作经历模糊四个方面。

水平能力模糊：最常见的表述是“具有较好的××能力……”，如“良好的沟通能力”“良好的团队协调能力”“积极的学习态度”“具备良好的计算机使用技能”等，但在简历中未有其他相关证书或经历能证明其具备该能力。这些表述一般在自我评价中比较常见，这种无法量化的语言表述并不能让招聘管理者获得直接信息。

教育经历模糊：越来越多的企业看重学历，这就导致有些求职者在简历上做文章。一般会有以下三种情况。第一种是未对最高学历是不是全日制学习进行说明，一般这样的简历上只有学校名称及学习期间，招聘管理者可以根据其教育经历的连贯性来判断；第二种是未明确学历层次，如简历上只填写了××学院，招聘管理者可以参考其年龄大致倒推其学历层次，可能是本科、大专，也可能是中专；第三种是利用知名院校来模糊学历层次，如在简历上注明最高学历为某国内知名985/211/“双一流”高校的某专业学习，但实质上可能只是该高校的二本专业或大专专业，通常招聘管理者可以通过其在校学习时长判断，必要时可以在网上进行查询核实。

岗位职务模糊：求职简历中未明确列出相应的岗位级别，如使用“××负责人、××管理、××岗、××代表”等。有些是求职者故意模糊，提高自身身价（如担任××负责人），让招聘单位无法对其真实岗位进行了解，从而获得面试机会或在薪酬谈判中获得更好的谈判筹码。有些则是求职者在组织内部的确使用此类岗位名称（国企、机关、事业单位较常见）。因此，招聘管理者要结合求职简历中的其他信息综合评价。

工作经历模糊：求职简历中每段工作的起止年月未加详细说明，通常只是表述年，而不精确到月，但实际上，这一前一后，就可以相隔最多24个月（如2015年12月到2016年1月和2015年1月到2016年12月），其间的空白经历或许就被模糊信息掩盖了。这类简历大多是求职者跳槽比较频繁或中间有大段空白时间（失业状态或其他可能性）。另外，求职简历故意模糊公司名称，如“南京某知名物业公司”“全国知名连锁火锅餐饮企业天津分公司”等。对于这种情况，一般有两种可能：一种是该求职者正在骑驴找马，暂时不方便透露其目前所在组织信息或只是在网上求职碰碰运气的；另一种可能是其比较注重个人隐私，在正式获得面试机会后才会在求职申请表上填写。

• 与岗位不符的工作职责

由于很多求职者原岗位职责并不清晰或为了努力在简历上体现自己的专业能力，他们往往会选择对岗位工作职责进行着重润色，甚至造假。主要有以下两种情况：一种是放大效应，即对原岗位职责进行了夸大，明明是较低职级的岗位，却承担了较高职级的工作职责；另一种是把现任岗位进行了拔高（这种情况出现概率相对较高），表现为所在公司只写明集团公司名称或直接将现工作岗位名称提升1—2个职级，但由于对拔高后的岗位职责没有经历过或细心揣摩，具体的工作职责依然是实际岗位的工作内容，出现了岗位倒挂，这种属于缩小效应。

案例

笔者就曾见过应聘简历上描述自己是某大型集团公司总部人力资源主管级别，却负责制订集团年度培训战略规划和人才梯队建设规划。一般在大型集团公司的总部，此类工作基本会由培训经理级、培训总监级来负责。

案例

笔者曾见过求职者的简历上描述自己是某知名外企HRM，但工作内容却是负责月度考勤、社保公积金缴纳、统计报表、实施新员工培训等基础工作。

- 难以实现的时间冲突

时间冲突指的是求职者在某一时间段内有重复的经历或根本无法实现某种经历的可能。第一种为时限类冲突，比如中级职称考试对工作年限是有要求的，而有些求职者在大学毕业时已经获得中级职称，此时就要判断该大学是否属于全日制，以此推断是否符合报考条件。如为全日制学历，则中级职称证书可能存在问题。第二种是重叠类冲突，有些求职者工作履历与教育学历有重合，比如有些简历中注明最高学历为全日制，但与此同时还存在工作经历，因此基本可以判断该学历为非全日制或该工作履历为兼职/实习，如果不一致，则需要依据简历中的其他信息作进一步的判断。

- 过分夸张的薪酬水平

求职者更新简历，归根结底就是为了谋求跳槽。其中很大一部分因素应该是和薪酬有关，虽然这里面有目前企业用人标准的误区，但为了能在面试的时候更有谈判筹码，求职者会不惜提高职位、提高薪酬身价。从笔者的经验来看，部分简历的薪酬部分含有水分，无非是水分多少或者说是否把能算不能算的都算进去了，也有一部分求职者把浮动工资部分、年终奖部分按最高额度计算，从而在求职时以此为基数，再提升一定的百分比成为期望薪资，这样的话，整个期望薪资可压缩的水分就很多了，如果招聘管理者不加分辨就会付出高额成本。

有些求职者单纯为了获得更高的薪资，对目前薪资水平大做文章，用明显高于市场同等价位的薪资及其他福利条件来标榜自己。笔者就曾见过从普通本科院校毕业一年的新员工写自己在知名大型企业做中心客服，目前薪资15000元/月，期望薪资25000元/月的简历，真的是“撑死胆大的，饿死胆小的”。因此，如果简历上出现过分夸张的薪资水平，就真的要看求职者的硬性条件了。

一般来说，招聘管理者也需要掌握一定量的薪酬报告或同行业标杆企业的薪酬水平，在筛选简历时就可以做到心中有数。通过参考同行业标杆企业薪酬水平、同岗位薪酬水平、求职者整体资历/价值、求职者目前岗位薪资结构（如有）多维度评价，来判断求职者简历上的薪酬水平是否超出正常数值区间。

筛选简历毕竟是很主观的，不能因为对简历有疑问就完全否定求职者的价值，毕竟有些求职者的情况的确特殊，简历上无法体现得很完整。本文中笔者所说的简历筛选风险都是相对的，很大程度上还是依赖于招聘实战经验。希望招聘管理者对这些细节能给予足够的重视，对于硬性条件较好的求职者，还是应该邀请到公司进行深入的面试，通过面谈，为求职者释疑解惑，从而才能作出相对正确的人才决策。

4.4　高效筛选简历是如何做到的

筛选简历是个看似简单，实则具有挑战性的工作，也是企业整个招聘录用流程中重要的一环。招聘管理者获取简历的多少，直接决定了岗位招募的周期长短和成功率高低。简历少的时候，作为招聘管理者可能有足够的时间去仔细筛选，但也只能在为数不多的简历中寻找合适的候选人。简历多的时候，作为招聘管理者可能就需要掌握一些技能、技巧，才能在成千上万份简历中筛选出符合面试条件的候选人。

明确简历筛选流程和任务分工

在不同的企业，招聘管理者在制定招聘管理流程的时候，根据企业文化、管理模式、经营理念等，也会对简历筛选流程做非常细致的标准规范。一般情况下，无论是招聘管理部门还是用人部门，都会参与到简历筛选过程中。但涉及的具体分工会略有不同。

通常情况下，招聘管理部门主要对简历的硬性条件做筛选，即是否符合岗位任职条件，如果不符合硬性条件，则直接淘汰简历，然后把符合条件的简历推荐给用人部门。所以，一般招聘管理者对简历属于初筛，也可以理解为粗筛，最大限度上降低用人部门的简历筛选量，也是确保用人部门在筛选简历的时候，在相同的基础上（即符合岗位胜任条件）对简历进行筛选，优中择优。在大多数企业，用人部门对简历的筛选往往放在第二轮，通常在招聘管理部门完成初筛的基础上进行复筛。复筛的主要目的是对候选人的职业经历中的履职内容、项目经验、成果数据等方面进行进一步的判断，从而更好地选择符合招聘岗位需求的候选人进入面试环节。

基于上述简历筛选流程及部门责任分工，在企业内部也形成了简历漏斗。由招聘管理部门初筛、用人部门复筛，最终能进入面试环节的候选人通常已有较高的岗位匹配度，大大节约了面试环节的时间。

不过我们也会发现，在部分企业，简历筛选的责任分工虽然没有发生变化，但是筛选的先后顺序变成了用人部门先筛，招聘管理部门后筛。这样做的理由一般是用人部门认为只要候选人符合专业要求，在硬性条件方面可适度放宽，避免经过招聘管理部门的筛选，把一些专业过硬的候选人，仅仅因为一些硬性条件不符（如年龄、学历、职称）而错过合适的岗位，这样做更符合企业人尽其才的用人原则。而招聘管理部门同样希望用人部门能先行筛选符合专业要求的人才，这样的反向推荐简历，大大降低了招聘管理者的时间和压力，未必是件坏事。

所以，建议招聘管理者能根据企业文化、团队氛围、岗位类型、岗位级别、岗位数量、招聘周期等多种因素综合考量，合理设置简历筛选流程，这将会明显提升简历筛选效率。

了解用人部门简历筛选的习惯与偏好

不同的用人部门对待简历筛选的态度是不一样的。有些用人部门在发布岗位后就迫不及待地要求人力资源部门提供简历进行筛选；有些用人部门则会时不时地来了解一下简历筛选的进度。不同的态度背后所反映出的原因是多种多样的，排除用人部门相关人员的性格使然，很大程度上和招聘岗位的紧迫程度有关。

如果是比较急的岗位，无论如何，用人部门都会盯着人力资源部门要简历，希望尽快完成筛选工作。招聘管理者一般需要在第一时间将简历给到用人部门，并且希望用人部门尽快给予回复，以便后续跟进，有条件的话，可以每周给用人部门一批简历。

如果不是很着急的岗位，则可以和用人部门沟通，确定给到简历的周期，这样可以积累一批简历后，一次性给到用人部门，避免用人部门不了解招聘进度，从而产生沟通误会。

当招聘管理者面对多个岗位招聘，包含紧急岗位和非紧急岗位的时候，可以用这种方式将主要精力放在紧急岗位的简历筛选上，而利用碎片化的时间对非紧急岗位进行筛选，从而提升简历的筛选效率。

了解胜任招聘岗位的核心要点

有些大型企业的岗位一旦放出，可能面临数以百计甚至数以千计的简历，如果只是按照硬性条件去筛选的话，很可能还会有大量的所谓“合格”简历沉淀下来。招聘管理者对招聘岗位的胜任要求了解程度，很大程度上会影响简历筛选的效率。

这个积累的过程，一方面是行业经验，通过在同一个行业长年累月地深耕，对相关岗位的胜任要求就了然于心了。例如，某个招聘管理者从传统行业转到互联网行业的话，对于互联网行业的招聘岗位要求可能就需要快速学习和了解。另一方面就是招聘管理者对于岗位说明书要熟悉，这是其筛选简历的标准之一，在此基础上，要多和用人部门沟通个性化招聘需求，如必须具备某大厂经验、必须具备政府资源、必须处理过全国性公关危机等。有些用人部门则会偏好稳定性，要求应聘者上一份工作不少于特定年限，这些都是基于岗位职责但又实际高于岗位职责的要求，而掌握了这些比较有特性的招聘需求后，在筛选简历的时候，就会多一个关注维度，也就是多一个筛选简历的标准。不过真的想要做到，还是需要招聘管理者在平常多积累。

将关注点放在简历的核心内容上

现在有很多机构会做简历优化，很多简历被包装后，看上去都大差不差的。有时候，简历模板也大体相近，无非简历内容略有差异，大量的文字堆砌，容易让招聘管理者产生视觉疲劳。因此，招聘管理者如果想要快速筛选简历的话，可以了解一下下面这些筛选诀窍：

- 快速浏览寻找关键词，而非逐句分析阅读文章；
- 直接下拉跳跃式筛选，而非横向对比寻找逻辑；
- 关注简历的信息内涵，而非单纯地看文字堆砌；
- 直接淘汰空乏的简历，不做过多主观臆断优劣。

整体而言，招聘管理者的关注点应该放在简历的核心内容上，没有时间、没有精力，更没有必要对简历中的描述逻辑进行分析。比如某些工程岗位类的应聘简历，会将之前的项目基本情况做大段的描述，反而对自己负责的工作内容及成果描述较少，像这类简历，关注点应该放在岗位经验（同级别优先）及岗位成果上。又如职场新人的简历容易出现很多证书的获取情况，很多证书都是和求职岗位无关的，像这类简历则要考虑之前的工作职责与招聘岗位的匹配程度，考证是种能力，但能有机会学以致用更为关键。

画重点

筛选简历是招聘管理者重要的基本功，看似简单，实则非常考验经验与技巧。简历筛选的速度，将影响后续招聘工作的进度。组织对招聘岗位的定位和对候选人能力边界的明确，最终将反映在筛选出的简历质量上。因此，简历筛选在一定程度上将组织的备选人才范围进行了划定，对人才决策起着很重要的推动作用。

第五章 诚至金开：提升面试邀约成功率的关键

招聘管理者初步筛选应聘者的简历后，通常下一个步骤就是邀请合适的候选人到公司进行面试。邀约候选人是体现招聘管理者专业技巧的重要环节。这里面会涉及有效的邀约准备、沟通话术、跟进方法等邀约技巧。可以这样说，邀约技巧好，能有效降低候选人的爽约率，提高到场面试率。如果邀约水平不佳，导致候选人以各种各样的理由没有来面试，那之前所有的付出就全部付诸东流了。也正因如此，邀约到面率往往成为招聘管理者的关键考核指标之一。我们通常也将邀约视为招聘面试流程中承上启下的重要环节，所以一定要掌握好相关的实操经验。

招聘最痛苦的是什么？很多招聘管理者都会提到候选人面试爽约，而且不管是什么行业、什么公司、什么岗位，这种情况总会出现，只是严重的程度不同而已。虽然招聘管理者始终在努力提升雇主品牌来吸引候选人，但可能很多人并没有意识到，真正影响面试爽约率的，却是招聘管理者在邀约过程中的专业程度与细致程度。事实上，有些企业让没有经过专业培训的实习生或职场小白去邀约候选人并不是明智的决定。

案例

某电商公司的运营部门招聘一名客服人员，在人力资源部给到的候选人简历中，客服经理对其中一名候选人十分中意。招聘经理因此和候选人电话预约面试日期，对方口头答应前来面试。可到了约定日期，候选人却没有来。招聘经理立即打电话询问原因，候选人解释说临时有事到不了。当招聘经理想再约其他时间的时候，候选人表示最近没有时间，然后就挂断了电话。

有经验的招聘管理者会对邀约环节给予比较多的关注。如果说候选人连邀约都不接受或接受了不到面的话，一定要尽可能地了解原因，从而能更好地改善招聘流程。在不同的招聘阶段，邀约遇到的问题是不一样的。一般候选人比较在意面试线路、面试时间、面试地点、面试通知等问题，当然有些候选人也会在邀约时对面试岗位、薪酬待遇、工作地点、公司规模、汇报对象等进行询问（一般这种出现在招聘管理者以陌生电话邀约面试的情况居多）。所以，即便是我们通常所说的邀约，也绝不是只在谈论如何在简历筛选后，电话邀约候选人那么简单。邀约专业才能达到期望的邀约效果。招聘管理者一定要牢记：少一点套路，多一点真诚。

5.1　在正式邀约前需要准备的事项

邀约真的只是看着简历上的联系方式，给候选人打个电话那么简单吗？真实答案肯定是否定的。有些招聘新手之所以特别怕邀约、怕打电话，很重要的原因在于，怕候选人直接在电话里提问题。电话邀约最容易出现的问题就是，在正式邀约前，招聘管理者没有做好应有的准备工作，这样做的结果往往就是在电话邀约过程中陷入被动。因为，无论是资深的招聘管理者还是招聘新手，都应当视每一次邀约为一次崭新的雇主品牌营销工作。在正式开始邀约前，很多必要的邀约准备工作应当熟记于心，并且在必要时可以建立规范的邀约流程，从而更好地提升邀约准备事项。通常情况下，邀约准备包括但不限于以下这些工作内容。

全面了解候选人的基本信息

在发出正式邀约前，招聘管理者一定要熟悉候选人的基本情况，如果是招聘管理者委托其他人代为邀约的话，则必须将必要的基础信息给到被委托人。但通常情况下，我们依然建议资深招聘管理者亲自邀约。

在正式邀约前，通过详细浏览候选人的简历了解其基本情况，对于掌握候选人的求职心理、求职动机是至关重要的，有时候也能清晰地判断出候选人的跳槽原因（如晋升空间受限）及求职诉求（如需要返回户籍地），这样在邀约过程中能更有的放矢地抛出关键信息，从而获得候选人的欣然赴约。另外，通过了解候选人的基本信息，也能提前思考如何才能更好、更全面地了解候选人。因此，我们在这里所说的了解信息，包括但不限于候选人的求职简历，也包括通过其他渠道可获得的信息，比如内部推荐时推荐人的信息，内部招聘时候选人直属上司或周围同事提供的信息。正是有了这些信息，才能让招聘管理者在正式邀约前做到心里有谱。这种心理上的从容非常重要。

提示：常见的邀约失败原因之一，就是招聘管理者只是将邀约信息给到邀约被委托人。这些邀约信息通常仅包含候选人姓名、求职岗位、拟邀约时间，当被委托人电话邀约时，如果候选人有一些问题（如薪资待遇、工作地点、面试官信息等），又或者是要求更改面试时间、更改面试方式（如更换为线上面试）等，这些被委托人最通常的回答是“不好意思，我也不是很清楚”“对不起，我们只能定这个时间”“不好意思，我了解了，但我需要向领导确认一下”，这些机械式的回答方式非常影响候选人的求职体验，也不利于雇主品牌宣传。可以说，这样的邀约质量是非常低的。

提前推测候选人的随机提问

在候选人接到邀约电话后，他们会在邀约过程中直接提问他们关心的问题。这类事情出现的概率还是非常大的。因此，建议招聘管理者提前作好相应的准备。这里的准备通常包括对候选人可能提出的问题进行预判，这样做的好处有两点：一是提前准备好相应的话术；二是对答如流能增加对候选人的邀约成功率。

一般而言，候选人在电话邀约过程中比较关心的，或者说容易脱口而出的问题包括但不限于：公司名称、公司简介、招聘岗位、岗位职责、薪酬待遇、工作地点、直属上司、空岗原因、发展空间、团队情况等。在正式邀约前，招聘管理者必须想好如何回答上述问题。尤其是在CC（Cold Call）[①]的时候，这些信息是打动和吸引候选人的关键话术。如果招聘管理者不重视问题预测，没有做好充足的邀约准备，那与候选人之间的信任连接是很难建立的。试想，任何人对于跳槽都是抱有谨慎态度的，没有任何可值得信赖的信息或激

① Cold Call，通常指第一次主动给从未谋面的人打电话。比方销售人员给可能的目标客户打电话借此探索商机，或者求职者向雇主自荐，都可以称为Cold Call。

发跳槽意愿的条件，谁会冒险去尝试新机会呢？

因此，建议有条件的公司将邀约话术集提前制作好，并纳入规范化的招聘管理手册或招聘管理流程中，这样能最大限度地保证邀约话术的说辞统一，对于提高电话邀约成功率是非常有帮助的。

选择合适的邀约方式

通常，电话邀约肯定是招聘管理者最习以为常的邀约方式。电话邀约通过简单的沟通，就可以互相传递非常多的信息，可以说是非常高效的方式。有些资深的招聘管理者甚至可以通过电话沟通确定候选人的面试意愿或者是其言谈举止、性格类型等。但对于不同的招聘岗位，只选择电话邀约这一种方式，很显然是无法满足不同招聘岗位及候选人的需求的。这里，我们可以根据实际情况与其他邀约方式混合使用。

比如，过去，我们在网站上看到简历，只有下载后才能看到候选人的完整简历。电话邀约是迫不得已的方式。但随着互联网技术的不断成熟，某些垂直招聘网站可以通过站内信或点对点的形式直接给候选人留言，这种邀约模式特别适合批量招聘、紧急程度较低、职位较低的岗位。通过网络邀约，可以有效提升邀约效率，从而使招聘管理者逐步脱离每日事务性的电话邀约。但站内信邀约或点对点邀约的缺点在于及时性较低，有些求职者并不一定适应这种邀约模式，同时，招聘管理者需要额外关注求职者的消息回复，这也在一定程度上加重了招聘管理者的工作负担。

必要的邀约及跟进记录

招聘是个双向奔赴的过程：一方面，企业希望招到合适的人才；

另一方面，优秀人才也希望得到企业的青睐。但很多事情并不是一拍即合的，如果企业中的某个或某类岗位招聘时间特别长，就一定要分析原因，这是一个很有必要的习惯。不过有些招聘管理者容易疏忽的是，未对邀约记录进行梳理和数据统计，导致重复，进而一直失败，相关工作没有取得丝毫的进展。通常建议在邀约前准备好相应的邀约记录表，记录邀约成功或失败的原因。

案例

某商业项目总经理岗位简历数量不多，但邀约成功率挺高。我们通过仔细分析发现，在邀约的简历中，求职者主动投递和招聘管理者主动搜索的比较多，内部推荐获得的反而比较少，邀约成功率比较高的恰恰是内部推荐的。通过分析这三者的邀约成功数据，我们得出商业项目总经理这个岗位在市场上的供给量较大，但更多的可能只是观望或寻找更好的发展机会，并不是真的迫切需要跳槽。

案例

某国有企业客户服务岗简历数量很多，但是邀约成功率不高。我们通过分析发现原因主要有三点：一是绝大部分简历是招聘管理者主动搜索获得，所以候选人跳槽意愿不强；二是工作地点较偏，没有班车，也不提供住宿，考虑到通勤时间，适合的人员范围较小；三是工资不具有市场竞争性，很多候选人一听工资待遇就表示没有兴趣。

记录邀约失败的基础信息，再加以细致分析，这有利于招聘管理者及时发现邀约过程中候选人关心的问题（也是导致邀约失败的原因），及时调整招聘策略及招聘渠道，并有针对性地调整话术，从而获得更多的成功邀约。

选择合适的邀约时机

俗话说："万事俱备，只欠东风。"这说明，时机是非常重要的。同样，招聘管理者对合适的邀约时机也应当有一些基本的了解。因为不同企业的规章制度或者不同招聘管理者的工作习惯，对于邀约时机并没有统一的标准。根据我这些年积累的邀约经验，我会选择候选人相对空闲的时候去电，这样即便是一次简短的邀约，也能和候选人之间有较为宽裕的沟通时间，让我有更多的时间完成标准的邀约流程。事实上，我发现，掌握好邀约时机，能明显提升邀约成功率，即便是起初对我们的岗位并不感兴趣的那些潜在候选人。

比如，我不会在周一早上邀约在职候选人，因为通常这个时候很多公司在开会，被拒绝或被直接挂断电话的概率是很高的；周五下午往往是一周最疲惫的时候，对于电话邀约容易出现倦怠心理。我也尽量不在正常工作时间段以外的时间去邀约（工作日晚上6点以后或周末时间，无论是何种邀约形式），因为这往往会让候选人非常担心公司的加班文化，也可能导致候选人认为这是非常急招的岗位，从而提高薪酬的心理预期。对于部分候选人，可能需要多次邀约才能获得成功，但不能只是单纯地重复邀约，而是要回到本章的第一条：全面了解候选人的基本信息，试着找到候选人的跳槽潜在需求。

5.2 电话邀约基础话术

电话邀约是众多邀约方式中最为常见的的一种。招聘管理者基本上都有过电话邀约的经历，这是一个非常考验其沟通能力与洞察能力的工作。电话邀约时间可长可短，主要根据沟通目的来确定。当然，在实际电话沟通的过程中，也可以有适当的调整，比如CC的时候可能会花更多的时间去说服候选人接受邀约，或者是邀约对象职级较高且对公司情况或面试情况有所了解的时候，可能会花时间去阐述清楚，促使他们接受邀约。不过也有一些情况，比如候选人完全没意愿或者已经找到工作时，除非公司有明确的邀约要求，否则一般建议放弃邀约。

那么，有哪些基础话术可以提高电话邀约的成功率？下面这些供大家参考（H代表人力资源部，C代表候选人）。我们来看看哪些关键点是值得注意的。不过，招聘管理者需要注意的是，电话邀约是目标性很强的行为，针对不同的目标，根据不同的场景，邀约话术也会有较大的差别。下面笔者提供一些基础话术供大家参考（在线沟通同样适用）。

关注细节，确认状态

招聘电话邀约开场一定要简明扼要，确认通话状态是关键。一个有吸引力的、关注细节的开场白也能引起求职者或候选人对公司的兴趣。

H："您好，请问是×先生吗？"（关键点：确认身份）

C："是的，您是哪位？"/"是的，您有什么事？"

H："请问您现在说话方便吗？"（关键点：确认通话状态）

C："可以，您说吧。"/"您是谁，有什么事快说！"/"稍等，不要挂，我换个地方。"（关键点：需要等待候选人确认是否可以直接进入主题）

还有另外一种可能：

C：“现在不是很方便。”/“现在不是很方便，我1小时后打给您。”

如果是前面这种情况，招聘管理者可以跟进一句：“您看什么时候方便？我再打给您。”如果是后面这种情况，则在约定的时间点再次拨打候选人电话即可。

提示：招聘管理者询问候选人是否方便通话这个技巧非常重要。因为拨打电话时，我们无法确认候选人当前的通话状态和在职情况，贸然介绍自己和道明来意，有时候会引发不必要的矛盾、误会或尴尬。一般正处于主动求职状态的候选人会对陌生来电比较敏感，所以应提示是否通话方便，他们会有心理预期。当候选人明确方便通话时，我们再继续展开话术，这不仅会体现招聘管理者工作细致的一面，而且会提升候选人的信任度。

如果候选人表示通话方便（即便是约定时间再拨过去，也一样需要确认通话状态），我们可以继续展开邀约话术。

H：“您好，我是×公司负责招聘的HR，我姓张，我们在网上看到您的简历，和我们正在招聘的××岗位很匹配，想和您电话简单沟通一下，您看可以吗？”（关键点：①表明公司和自己身份；②提示候选人是应聘了哪个职位或公司拟邀请候选人面试什么岗位；③简单沟通，暗示不会耽误候选人很长时间。）

C：“可以。”/“好的，您直接说吧。”

到这里，完全确认候选人的通话状态，我们可以进入正式邀约了。

开门见山，直抒来意

根据获取简历的方式不同，我们在正式邀约时的话术略有不同：

- 候选人主动投递的简历

H："您好，×先生。您近期投递了我们公司××岗位一职，我们已经收到您的简历。经过我们综合评估，您顺利通过了我们的初步筛选。今天跟您打这个电话，是想邀请您于×月×日星期×上/下午×点来我们公司面谈一下，不知道您是否有空？"

- 通过网络搜索获得的简历

H："您好，×先生。我们公司近期正在招募××岗位，我们从网上搜索到您的简历，觉得您的从业经历和我们的岗位要求非常匹配，因此今天冒昧给您打电话，是想了解一下，您最近是否在找新的机会，是否愿意抽空和我们见面沟通一下？"

- 通过内部推荐获得的简历

H："您好，×先生。我们公司近期正在招募××岗位，您的前同事×××（务必全名）目前正好在我们公司就职，因此将您的简历推荐给了我们。经过我们初步评估，觉得您的从业经历和我们的岗位要求非常匹配，因此今天特意打电话给您，是想和您确认一下，对投递我们公司岗位一事是否知悉，是否有时间来我们公司见面沟通一下。"

- 通过其他招聘渠道获得的简历

H："您好，×先生。我们公司近期正在招募××岗位，我们从××处（简历来源）获得您的简历。经过我们初步评估，觉得您的从业经历和我们的岗位要求非常匹配，因此今天特意打电话给您，是想了解一下，您是否对我们公司岗位有兴趣，以及是否有时间能见面沟通一下？"

对于后三种情况，如果候选人明确表示考虑机会或接受邀约，则招聘管理者可以将邀约信息给到求职者。例句："既然您有兴趣，那我们想邀请您于×月×日星期×上/下午×点来我们公司面谈一下，您看这个时间可以吗？”

提示：招聘管理者邀约候选人时，应当直接表明打电话的目的，这样能及时打消候选人的顾虑（比如简历来源），提高候选人对公司的信任感。一般候选人出于礼貌，不会直接挂断电话，所以不要担心候选人的提问或直接拒绝，只要对方还在接听电话，即便没有立即答应，我们依然还有邀约的机会。

诚意邀约，如实说明

在电话邀约的过程中，经常遇到的问题是，求职者对于公司信息、岗位待遇、工作地点等比较关心，尤其是通过网络主动搜索获得简历的岗位候选人，他们更需要招聘管理者用良好的表述去激发他们的跳槽意愿。所以，招聘管理者应当在电话邀约时关注到他们的需求，并且秉承诚实守信的原则，给予必要和稳妥的礼貌回应。

- 了解公司基本情况

C：“请问你们公司是做什么的？”/“我对你们公司不了解啊！”

回答技巧：招聘管理者可以用标准化的介绍模板向求职者简单描述公司业务经营范围、行业地位（如行业排名或细分领域排名），如果有条件，可以适当引入公司的成功案例（比如某些知名企业使用我们的产品等），也可以对公司战略规划及发展目标进行阐述。但需要注意的是，介绍要简明扼要，时间上要尽量控制在1至2分钟内。

- 了解岗位基本情况

C：“请问这个岗位需要做什么？”/“你们这个岗位是新增的还是替补的？”

回答技巧：对于岗位职责，招聘管理者可以根据岗位说明书，简单向求职者进行介绍。对于岗位情况，如汇报上级、管理下属人数、岗位招聘原因等，均应如实向求职者介绍。必要时，可以补充一句“这也是我们在浏览了您的简历以后，认为您非常适合这个岗位的原因”，这样可以增加求职者的信心与跳槽意愿。

- 了解岗位薪酬情况

C：“你们这个岗位工资能开到多少？”/“我担心你们的薪酬达不到我的期望啊！”

回答技巧：薪酬通常是求职者最关心的问题，应该予以理解和尊重。千万不要觉得求职者一开口就谈钱是很现实的表现，毕竟求职者也会考虑机会成本。对于在电话邀约中不方便透露具体薪资的，招聘管理者可以向求职者介绍薪酬结构，对于持续追问的，必要时可以给予岗位薪酬区间，核心思想还是要突出，具体的薪酬是根据面试结果来确定的。

- 了解岗位工作地点及出差情况

C：“你们这个岗位是在哪里工作？”/“这个岗位需要经常出差吗？”

回答技巧：一般回答具体到城市+行政区（或地标建筑、特定区域）即可，对于特殊岗位，可能需要长期驻外或经常出差的，招聘管理者应当向求职者说明实情（驻外地点及驻外期限、出差范围及出差频率），因为这些往往是岗位客观需求，不要想着故意隐瞒事实，否则会为后期埋下隐患，反而得不偿失。当然，如果工作地点在市区，也可以介绍周边公共交通情况（公交路线、轨道交通等），如为较偏远的地方，则视情况提供相应的福利（如免费住宿、班车接送等）。

- 了解岗位作息安排及加班情况

C：“这个岗位是做五休二吗？”/“这个岗位需要经常加班吗？”

回答技巧：招聘管理者根据公司规章制度回答岗位作息情况，

有些岗位因工作需要存在倒班、季节性加班情况，或者采用综合工时制、不定时工时制的，都应当准确说明。对于是否需要加班这个问题，一方面根据行业特性回答，另一方面要表明公司对加班工作的态度（比如不提倡加班文化、加班可以调休或其他福利方案）。

- 了解岗位发展规划

C："这个岗位有上升空间吗？"/"你们公司一般多久可以获得一次晋升？"

回答技巧：招聘管理者可以对公司的职级体系和晋升制度做介绍。但如果公司目前尚未形成有效的晋升机制，也不要直接回答说"上升空间很大，但晋升主要看业绩""我们公司晋升不讲资历，主要看能力"之类的，因为这种话容易让人产生画大饼的感觉，而是可以顺着求职者提出的问题，将公司用人理念、培训体系等做简单介绍，消除求职者疑惑。

灵活应对，促成邀约

通常电话邀约平均时间在3—5分钟，如果遇到需要与求职者进一步介绍情况的话，可能会相应地延长一点时间。有时候，部分求职者可能在电话中比较喜欢打听一些事情，招聘管理者也要及时注意，控制好谈话内容和邀约时间。一般而言，最终候选人都会表明意愿，针对不同的情况，招聘管理者要能敏感地获取信息，采取不同的应对措施。

- 有明确面试意向且无异议的

招聘管理者和求职者再次确认面试时间、面试地点等面试信息，并且与求职者核对电子邮箱地址，告知求职者，会在电话挂断后给到其电子邮件，提示求职者在收到电子邮件后，给到自己收件回执。

- 仍然有疑惑或态度不明确的

通常这种情况出现在CC的概率比较高。如果遇到这种情况，招聘管理者也不要急于求成，可以最后了解一下候选人的困惑所在，然后和候选人礼貌道别。对于确实想要招募的优秀人才，可以结合通话过程复盘话术，间隔一段时间后再次邀约候选人。

- 有明确面试意向但需要调整面试时间或面试形式的

招聘管理者根据管理权限采取相应的回答，如果不在权限内，可以委婉地告知求职者需要再与相关人员沟通才能告知最终结果。除非真的无法调整面试时间（如有明确招聘截止日期的）或面试地点（如高管岗位需到总部面试），一般来说，对于求职者的调整诉求应尽可能地给予方便。

- 明确表示拒绝邀约的

无论是通过何种渠道获得的简历信息，遇到拒绝邀约的情况，都应尽可能地了解原因。例如，已经有Offer（录取通知）了，目前没有跳槽计划，对拟邀岗位没有兴趣，工作地点太远，不想频繁出差等。收集这些拒绝理由，能有效改进邀约话术。当然，遇到求职者真心不考虑的，也要果断放弃，但在沟通态度上，一定要始终保持亲和力，或许以后双方还有合作的机会。

小贴士1

以下4种情况，面试爽约的概率较大：

1. 过于纠结薪资待遇、福利补贴的；
2. 邀约过程中有一句没一句，心不在焉的；
3. 对邀约时间支支吾吾，态度勉强的；
4. 沟通过程中态度比较傲慢，心高气傲的。

小贴士2

电话邀约时，一定要关注的5个关键点：

1.语速要适中，语速过快容易让人有压迫感，语速过慢会让人觉得缺乏自信；

2.开始时，音量要适中，根据候选人所处位置适当上调或下降；

3.态度温和，有亲和力，让候选人有继续接听的意愿；

4.说话有重点，表达精准，邀约电话不是朋友闲聊，要凸显专业度；

5.注意说话的逻辑性，提前准备好候选人可能提出的问题答案。

5.3 利用电子邮件邀约提升公司品牌形象

通常情况下，电话邀约只是与求职者达成了初步意向。为了提高邀约到面率，建议养成电话沟通后第一时间向求职者发送电子邮件的习惯，让候选人感觉到公司对邀约面试是比较正式的和对人才的重视。至于是否需要短信提示求职者查收邮件，考虑到目前使用短信的人越来越少，建议根据实际情况处理。以下是发送电子邮件时需要注意的事项：

第一，温暖的开场语，显示求贤若渴的态度。电子邮件的开场语可以是很温暖的问候，比如“尊敬的×先生/小姐，非常高兴刚才与您的沟通，耽误了您的宝贵时间，但您的专业能力给我留下了深刻的印象”等，而不是“您好，附件是我司的介绍及招聘岗位要求，请您查收”，甚至连一句客套的“谢谢”都没有。良好的开场语能让求职者感受到公司求贤若渴的态度，以及温馨的企业文化。

第二，充分利用邮件信息强化公司/岗位介绍。即使是电话沟通过程中已经向候选人进行了初步介绍，但毕竟印象不够深刻，内容上也可能不够详尽。在电子邮件中可以再次对公司/岗位情况进行介绍，让候选人更冷静地思考是否符合他的求职预期。有条件的话，可以制作招聘宣传单页、宣传图片等插入邮件中，比单纯的文字介绍更生动。

第三，对面试邀约信息进行重点提示。面试邀约信息主要包含：面试时间、面试地点、面试联系人及其联系方式、周边交通参考路线、地图标示等。对候选人而言，在职求职的确会有很多突发状况，因此能和面试联系人及时取得联系非常重要（建议留招聘联系人的手机号码）。而周边交通参考路线则更好地让候选人提前安排时间和线路，甚至是对未来通勤时间有个初步了解。

第四，要求候选人收到邮件后，确认是否接受邀约。要求候选人回复邮件比单纯地发送邮件回执更能让候选人注意到邀约信息。这也是对候选人是否有足够意愿参与面试的一种考量。

第五，引导候选人关注公司官网或其他信息。对于这条，有些同行可能觉得候选人如果有足够意愿来公司的话，应当主动关注公司信息。但我在这里要说的是，针对那些并没有足够意愿或者不了解公司的潜在人才（尤其是CC的对象），让候选人关注公司官网或企业公众号、视频号是企业自信的表现，也是让候选人快速了解公司、激发其跳槽意愿的方法。

第六，如果公司对面试有特殊要求，也可以在发送电子邮件面试通知时尽量注明（如获得的证书原件、原创的设计作品或其他需要展示的工作成果等），方便候选人提前准备。

5.4 通过社交软件持续进行沟通与服务

面试邀约肯定是以求职者准时参加面试为最终结果。通常，电话邀约结束到面试会有一段空窗期，这段时间对招聘管理者来说，也是非常重要的。如果在这段时间里，求职者找到新工作，则很容易放弃其他面试机会。因此，在电话邀约结束时，招聘管理者可以试探性地要求添加求职者的个人微信（如果拒绝添加则不勉强），在空窗期隔三岔五地与其保持必要的联系。尤其是在等待复试通知或复试结果期间，可以及时告知求职者招聘进度。这既可以减缓求职者的焦虑，也可以降低候选人在此期间再寻找其他新机会的概率。

除微信外，现在还有部分社交招聘工具或垂直招聘工具也同样支持点对点的信息交流。那在招聘实施前期就可以提前做好预热工作，避免正式邀约时过于生分。另外，对于招聘而言，一定要有"买卖不在、情意在"的心态，即便是被候选人拒绝了邀约，平时也可以给予必要的关注。很多中高端人才往往都是与招聘管理者先成为朋友，后来才成为同事。

另外，通过社交软件，在面试前一天，可以再提醒一下候选人，既表达热诚的态度，对很多忙碌的候选人而言也是非常必要的友情提示，这样做能有效提升到面率。

画重点

良好的开端是成功的一半。所以，电话邀约是人才面试的第一步，也是十分重要的一步。招聘管理者在和求职者进行电话沟通之前，就应该做好充足的准备，了解求职者的关注点。这样才能在进行电话邀约时不至于慌乱、无头绪，才能更好地提高求职者来面试的概率。当然，邀约的方式方法很多，随着时代的发展，也并不只局限于电话邀约这一种，但无论如何，邀约的基本技巧还是相通的，哪怕一杯咖啡、一句玩笑话，都可能成为一次正式邀约的开始。也不要忽视每一次失败的邀约，及时总结经验，才能更好地达到目标。

第六章 | 细针密缕：强化面试流程设计

完成简历筛选、电话邀约这两项工作后，招聘管理者就真的等面试了吗？当然不是。作为专业的招聘管理者，应当意识到，真正能提升面试效果、提升人才决策效率、降低人才录用风险的，往往是在面试流程控制方面有较多的资源投入。面试作为主观性较强的人力资源活动之一，如果不能在流程上进行强有力的设计与控制，那么其就很难真正发挥本身所应有的作用。也正因有些企业疏忽了对面试过程的控制，所以在人才决策时总感觉哪里不对，但又说不出来哪里不对，又或者是频繁面试，却很难面试到双方都满意的。如何规避这些问题的发生，就是本章想和大家一起分享和探讨的重点。

你还记得最长的一次面试等候了多久吗？

你还记得最长的一次面试经历了几轮吗？

你还记得最长的一次面试间隔了几天吗？

你还记得最短的一次面试时间是多久吗？

你还记得被问及最尴尬的问题是什么吗？

……

或许你还有很多糟糕透顶的求职经历，但同样地，我们是否也正以同样的态度对待那些渴望加入我们的候选人呢？因为每家公司受行业规模、行业特性、组织管理特点等因素影响，面试流程可能大相径庭。但是面试流程设计的底层逻辑，包括最基础的面试人员、面试步骤、面试工具、录用标准等流程设计内容，大抵上是相通的。可以说，每个面试阶段之间的衔接，对于最终确保整个面试流程趋于合理，有着非常重要的意义和作用。

从狭义的面试流程设计来说，我们可以简单地将面试流程进行面试前、面试中、面试后这样比较经典的三段式线性划分。这样区分的特点在于，整个面试流程的投入力度呈橄榄状，面试前和面试后相对投入比重较小，而面试中的投入力度较大。这样的分布特点，导致招聘管理者需要将精力着重放在面试中这个核心环节，尤其是突出面试过程中"问"的技巧与面试信息的收集。如果从广义的面试流程设计来看，既包括线性的面试流程，也涉及更为全面的招聘体系建设，例如测评工具开发、评价标准建立、面试体验提升、面试表单记录、面试官培训等，将整个面试流程从输入阶段到输出阶段进行完整的设计。

因此，对面试流程的设计与控制，是正式面试前至关重要的环节，也是招聘管理者容易忽视的环节，究竟如何才能更有效地推动面试流程设计，以下这四点值得探究。

小贴士

面试前的资料和工具准备，通常包括以下内容：

- 求职者的简历和求职申请表
- 心理测试报告
- 笔试资料及评分结果

- 面试记录表
- 面试评估表
- 面试结果汇总表
- 面试提纲（面试官手册）
- 其他面试所需工具（录音设备、录像设备、考官台卡、计时器等）

6.1 复盘面试过程的关键工具

如何评判面试过程，往往是招聘管理者比较关注的事情。有些企业要求所有参与面试的相关人员必须通过面试官培训考核才能上岗，有些企业则可能会要求面试官认真填写面试评估表，尤其是面试评价部分填写得较为详细，甚至要求结合胜任力模型，用行为描述法突出求职者的岗位胜任优劣势。我们仔细推敲一下，就会发现，面试官培训突出强化的是提问能力和信息收集能力；面试评估表是面试官对面试评价的记录。但是对面试过程而言，其实并没有怎么涉及。出于种种原因，在面试过程中有些关键信息不一定是根据要求进行记录，又或者说如果我们要对面试过程复盘的话，貌似少了一个好工具。

有些招聘管理者问能不能现场录音？如果全程录音的话，内容可能会比较多，而且可能涉及对方隐私及商业敏感信息，风险比较大，整理内容也比较累。因此，一般我们建议招聘管理者用《面试记录表》这样一个实用工具来进行记录与复盘。这样做的作用主要有以下 4 个方面：

第一，记录面试过程中的对话信息重点。

一次面试短则几分钟，长则数小时，如果一字不落记录的话，内容上太繁复。面试记录表主要是对面试者与面试官之间交流的重点，尤其是按照面试官手册进行结构化面试的提问与回答，能将整个面试过程中的问答有选择性地做重点记录，这样更能有助于在综合评估时作为评价的依据，也能在多位候选人之间做横向比较，更有利于评估出胜任差异。

第二，记录求职者对简历描述中的解释。

通常情况下，面试官在正式面试前都会仔细浏览求职者的个人简历。除结构化面试外，面试官都有向求职者进行自主提问的机会，主要内容之一就是要求求职者对简历中某些模糊不清或内容存疑的部分进行阐述。对于这部分内容，可能涉及求职者胜任岗位与否的关键信息，面试记录表的记载，是对求职者胜任能力的补充说明。

第三，对于简历中未提及的关键信息的补充。

求职者的简历在一定程度上是经过润色的，避重就轻或者隐藏一些关键信息，是求职者通常会采取的比较典型的做法。同时，履历中的内容未必能全部覆盖当前应聘岗位的岗位职责（大多数情况下是无法覆盖的），那么有些关键胜任能力或者关键经验、关键行为，就需要面试官临场提问，通过对关键信息的补充收集，帮助面试官做出相应的面试评估。

第四，作为后续面试官面试前的参考依据。

一般性面试都是有好几轮的，如果相同的问题每一轮都问一遍，不仅会浪费面试双方的时间，也会让求职者觉得公司内部沟通是非常糟糕的。有些求职者甚至会直接提出“这个问题在上一轮面试中我已经回答过了，还需要再说一遍吗”这样的疑问。所以，如果有面试记录表的话，就可以将之前几轮的面试情况做记录，既能帮助后面几轮的面试官了解之前的面试过程，避免问题重复，同时也有可能发现求职者回答中的蛛丝马迹，对于某些关键信息继续进行挖掘，提高面试的针对性和有效性。

为了确保面试记录表能被正确理解和使用，在使用前，使用面试记录表的特定人员（如招聘管理者本人或专职负责面试记录的人员）应当知晓以下 4 个注意事项。

第一，是面试对话的过程记录，而非事后回忆。

面试记录表与面试评估表最大的区别在于，面试评估通常是在面试结束后进行（当然，也有很多面试官习惯于在过程中评估），但面试记录表一定是在过程中及时记录的。因为大部分的面试持续时间较长，信息量很大，如果仅仅依靠事后回忆是无法相对完整地记录面试过程的。

第二，是面试内容的重点记录，而非全程记录。

在记录面试的过程中，一定要有选择性地进行记录，面面俱到是没有意义的。只要能根据面试官的提问情况，挑选重点内容进行记录即可，所以一般建议接受过专业培训或经验丰富的招聘管理者进行记录，这样的记录内容往往能达到比较好的效果。

第三，是面试双方的对话记录，而非单方描述。

面试是双方交流的过程，所以面试记录的是双方的交流过程和交流内容。千万不要只记录求职者单方面的阐述，因为面试评估一定是结合上下文的语境进行整体理解的。单纯记录求职者的表述是无法还原现场过程的，尤其是面试官在追问过程中的关注点，以及要求求职者补充的关键信息，这些都是“你来我往”交流过程中不可或缺的。

第四，是面试问题的现场记录，而非提前设计。

很多人不愿意或者说不习惯做面试记录的原因在于，大部分的面试过程不是预设好的（结构化面试除外）。因此面试记录也是必须根据现场情况临时确定记录内容的。一般来说，除了结构化面试，可以根据面试问题，提前做好面试记录的框架外，半结构化面试或者非结构化面试，都要求记录人员必须在现场完成所有的记录工作。

6.2　面试评估流程设计关乎人才决策质量

求职者在面试过程中的表现好不好、与岗位是否匹配等问题，都是面试评估所要涉及的。虽然面试评估是在正式面试后才能得出的结果，但是我们要知道，如何去正确评估面试者是在面试之前就应当确定的。只有这样，所有面试官才能在面试过程中（或结束后），根据面试评估维度完成相应的人才评价工作。如果无法在面试前完成相应的面试评估设计，对面试官而言，在整个过程中就无法按照面试要求全面、深度地考量求职者。因此，面试评估表的设计在整个面试流程设计中显得尤为重要，也是人才决策的重要依据。

一般来说，面试评估表的设计包括以下7个方面：

第一，面试评估基本信息采集。

由于面试评估表一般是和求职简历或求职申请表配套使用的，所以基本信息的采集主要涉及被评估人姓名（即求职者姓名）、应聘岗位、面试地点、面试起止时间、面试官信息等。这些基础信息可以和面试计划表、面试记录表等面试相关材料整合成为完整的面试流程表单。

第二，面试评估形式的确定。

面试评估形式一般分为打分式评价、评语式评价、综合式评价。通常情况下，单纯采用打分式评价或评语式评价的较少，综合式评价应用较为普遍。选择综合式评价的面试评估表，在设计时建议相对侧重于打分式评价（60%—80%），评语式评价相对占比较小（20%—40%），因为绝大部分的面试官比较偏向于直接打分这种较为简便的方式。

第三，面试评估维度的确定。

面试评估维度可以说是面试评估表设计的核心要素之一。面试评估维度是以企业用人标准为导向的。常见的评估维度包括：个人特质、专业知识、项目经验、职业素养、价值观、求职动机等（有些公司也有可能增加衣着谈吐、岗位胜任能力、发展潜力等）。总体来说，这些评估维度可以按照冰山模型来进行分解。但是需要注意的是，面试评估维度一般控制在3—5个较适宜，维度太少，无法全面评估求职者的综合情况，维度太多、太细的话，则在实操过程中对面试官而言是较大的挑战，而且面面俱到反而无法体现对求职者考察的侧重点。

第四，面试评估标准的确定。

虽然我们前面提到了面试评估维度，但是我们经常遇到的情况是，不同的面试官对同一个评估维度的考量标准是不一样的。因此，我们需要在评估维度的基础上，更有针对性地提出一些评估标准。这些评估标准能帮助面试官更好地去细化评估求职者的能力。这些标准是对评估维度的细化，一般情况下采用定性描述。面试官在评估时，也可以根据岗位特点进行灵活评价。确立面试评估标准，能最大限度地明确求职者与应聘岗位的匹配程度。当然，有条件的企业，可以根据不同层级设计不同的面试评估表。这样的话，面试评价的针对性和有效性也将得到明显的提升。

第五，面试评估权重的设计。

确定了面试评估维度和面试评估标准，基本上就确定了面试评估的大致框架。有些企业会在面试评估表中增加面试评估权重，从而更突出某些特定岗位所偏重的考察项，也能避免统一的面试评估表在应用于不同岗位招聘时，面试评价维度和面试评价标准不变的尴尬处境。在实操过程中，其实也不需要制作很多版本的面试评估表，可以根据其中的权重设计因岗而定，只要确定同一岗位在做面试评估时使用统一的权重即可。

第六，面试评估等级的设计。

经过面试综合评估后，一般可以根据对求职者的评分划分相应的评估等级，综合评分90分以上的评为优秀、80分以上的评为良好、60—79分的评为一般、60分以下的评为不合格。这样的划分可以更简单易行地对求职者的面试结果进行统计。当然，也可以用A级、B级、C级这样的人才划分标准。

第七，面试最终结果应用的确定。

面试最终结果应用就是人才决策的过程。一般在面试评估表上较为常见的是：录用、不录用、待确定这三个结果。当然也有部分企业会增设：建议转岗录用、建议提级/降级使用，这样也是根据人才面试结果，提升人才的使用效率。

面试结果如果较为多元的话，相对地也会增加招聘流程的复杂程度与招聘管理者的工作量，所以在设计面试评估表时需要考虑企业的实际情况。一旦确认，对于拟录用的求职者，可以按照面试流程进入后续环节；对于建议转岗录用、建议提级/降级使用的做好内部沟通；对于不录用的则向求职者委婉告知；对于待确定的求职者，原则上需要尽快明确最终结果。这样做既可以避免人才流失，也可以降低招聘成本。

从“以终为始”的角度出发，在面试一开始的时候，招聘管理者就应当为面试流程设计好相对完整的流程，并且在这个过程中能够不间断地实施管控。不过需要说明的是，这里的管控并不是对面试官产生任何负面或介入式的影响，而是让整个面试评估流程趋于合理。真正的面试评估可能是个较为复杂、平衡、择优、科学决策的过程，但在那之前，招聘管理者必须确保面试流程在可控的范围内产生最理想的结果，这个是设计面试流程时不可或缺的关注点。

6.3 提升候选人面试体验感的有效措施

现在有些招聘管理者感慨求职者比较“任性”，在正式电话邀约后爽约面试的概率很高。从个人经验来说，这里面有很多种因素可能导致爽约情况的发生，所以还是得具体问题具体分析。有些求职者的个人原因，我们肯定是无法控制的。比如，求职者找到心仪的工作后不想再看机会了；又如，有些是因为前一家单位面试时间拖延无法来面试了；再如，有些则可能是临时有事来不了了（在职的经常遇到这类情况）。对于这种我们不能控制的情况，一般只能更改初试时间或放弃面试了。

但比直接放弃初试更可惜的是，有些求职者会直接放弃复试甚至是到手的录用通知。当我们排除诸多外部因素后，作为招聘管理者，也需要经常反思在整个招聘流程的设计及求职体验上是否有一些值得改进的地方。由于招聘流程涉及多个环节，前期的面试邀约等部分的招聘体验在前面的章节中已经提出，接下来我们主要讨论的是面试环节的一些注意事项。面试体验作为一种主观的心理反馈机制，主要受整个面试过程中情绪感受的影响，遇到正面积极的体验则会使整个面试过程充满愉悦。整体而言，在面试过程中，主要分为三个方面的体验感：

- 感官体验

通常指求职者在参加企业面试期间，通过眼睛、耳朵等感觉器官对公司环境、企业文化、人员管理等现场情况的直接感受。正向的积极感受可以包括明亮的大厅，彬彬有礼的前台，着装规范的员工，温度适宜、没有噪声的办公场所，摆放有序的物品，温馨和谐的企业文化墙等。

- 互动体验

通常指求职者在面试期间，在与相关人员（如招聘管理者）的互动过程中，所能感受到的来自招聘方的真诚、友好、热情，以及招聘方求贤若渴、平等对待求职者的积极态度，包括但不限于语言表达、目光交流、动作举止、待人接物等。

- 候场体验

通常指求职者在等待面试期间的感受，主要包括资料填写地点的舒适程度、面试场所的空间选择与现场布置、等待面试过程中的被关注程度等。甚至有部分求职者因为求职申请表及相关测试过于冗长，对招聘体验感较差。

作为招聘管理者，我们一直以公司战略、企业愿景、广阔平台、高薪待遇、优厚福利等来吸引候选人，但是可能很少想到，真正让候选人对企业产生兴趣和印象深刻的，其实是招聘流程。无论是电话通知还是面试接待，很有可能都是招聘管理者与候选人在进行接触，招聘管理者所展示的不仅是个人形象，更是企业形象。

我们不妨换位思考，今天你是A企业的人力资源管理者，明天你可能会去B企业面试，在面试与被面试不断更换角色的过程中，能让你一开始就对这家企业失去兴趣的真的只是薪资低那么简单吗？如果不是，那么目前你所在的企业，招聘流程到底做得如何呢？是否足够吸引候选人来面试，甚至愿意接受你的Offer？这个时代，招聘管理者已不再是高高在上地等待候选人投简历了，而更多的则是双向选择，优质候选人甚至拥有更多选择的权利。招聘人才，是企业品牌宣传的窗口之一；吸引人才，则是人力资源部门精心谋划的人才营销策略。这也是我们一直强调面试体验很重要的一个因素。很多我们无意识的招聘流程设计，实际上候选人的体验感是很差的。那些糟糕的体验并非危言耸听，看看拉勾网那些候选人的点评就可见一斑，虽然并不是所有的评论都真实有效，但至少，我们可以将其作为一种参照标准来进行流程再造。招聘方在考察候选人的同时，求职者也在考察公司。假如他们在面试过程中经历了糟糕的体验，无论该工作岗位是否适合，也许都不会考虑接受这个机会。所以，招聘管理者应当关注到不同面试阶段的面试体验。如果能了解清楚，就可以从一开始有的放矢地设计面试体验。一般来说，我们将整个面试过程分为三个阶段进行设计，分别是正式面试前、面试过程中、面试结束后。

第一个阶段：在正式面试前需要关注到的体验感

求职者的面试体验是从什么时候开始的？其实是从踏入公司大门的那一刻开始的。所以，招聘管理者需要在很多细节之处给予求职者良好的感受。比如说：

- 需要提前告知前台当日的面试计划，方便前台直接安排适合的地点并给予求职登记表进行填写，或由前台联系招聘部门相关人员到前台接待求职者。

求职体验感较差的情况：求职者现场自行联系对接人或站立在大厅等待。

• 预定面试会议室。选择面试会议室时，一般要考虑独立性（单独空间、隐私性好）、合适性（大小合适）、宽松性（环境安静、温度舒适、采光良好）。招聘管理者可以提前准备公司相关的宣传资料，供候选人在面试会议室等待时翻阅。

求职体验感较差的情况：招聘管理者带着候选人寻找会议室，看到哪个会议室空着就用哪个，甚至在填表或面试过程中更换会议室。

• 提前准备好求职登记表及相关资料。对于当天面试人数较多的情况，需要提前准备好足量的求职登记表。可以由前台直接发放或招聘管理者接待求职者后进行发放。必要时，可以提醒求职者填表注意事项（如测试限制时间、在线提交规则等）。

求职体验感较差的情况：临时打印求职登记表，未告知求职者必要的注意事项，导致其无法正常完成填写、测试或提交失败，需要重新进行填写或测试。

• 招聘管理者根据当日天气情况准备温度适宜的饮用水、告知当日的面试安排。对于需要一定时间填写资料或等待面试的求职者，招聘管理者可以告知其办公区域的大致布局（如洗手间位置、茶水间位置等）。当填表地点与面试地点不一致，需要更换场地时，提醒求职者带好所有的随身物品。

求职体验感较差的情况：与求职者核对基本信息后，要求其自己找个地方填写资料或随意安排一个会议室让其等待面试，在此过程中未给予其足够的关心与重视。

- 遇到需要复印求职者相关证件原件的情况时，招聘管理者在收集过程中需要向求职者确认类别、数量。必要时，可以填写证件收集清单，并经求职者确认。招聘管理者在复印件上可加盖印章（如仅供××公司求职登记使用），在向求职者归还证书原件时，与求职者再次确认证件原件类别、数量，核对无误后回收证件收集清单。

求职体验感较差的情况：在收集证件的过程中未逐项清点，导致复印后求职者发现有证件缺少的情况，进而引发纠纷。在复印件上未加盖印章，有些求职者会担心被挪为他用。

- 当面试官临时有事，需要求职者等待较长时间时，招聘管理者应当向求职者说明情况，并征询求职者个人是否愿意继续等待。如求职者不愿等待的，则可以与其另约时间；如求职者愿意等待的，招聘管理者也需要间隔一段时间来关注求职者，及时为其提供面试安排推进的信息。

求职体验感较差的情况：招聘管理者未及时向求职者说明情况，导致求职者在会议室或候场区长时间等待，浪费了宝贵的时间。求职者感觉没有被关注到，容易增加焦虑情绪。

第二个阶段：在面试过程中需要关注到的体验感

- 向求职者简单介绍面试流程，包括向其介绍面试官的基本信息。在结构化面试过程中，一般会有介绍面试官的环节，但其实在普通面试中，向求职者介绍面试官也可以认为是基本要求。有些企业在面试时，在面试官前面准备席卡也是不错的方法。面试官的职级在一定程度上反映出企业对该岗位的重视程度。另外，求职者也可以通过介绍进一步了解应聘企业和应聘岗位的一些基本情况。

求职体验感较差的情况：未向求职者介绍面试官基本情况，求职者在回答问题时掌握不好尺度（不同层级的面试官关注点不同），没有感受到企业对人才的渴望。

• 应当根据求职者的简历提前设计面试问题。面试官应当在面试前浏览求职者的简历，并根据招聘流程及面试规范，提前做好必要的面试准备。在面试过程中，要求求职者对其个人情况、从业经历或其他存疑事项（简历中注明或未注明的均可）展开说明或进行必要的澄清。面试官也可以根据面试官手册中所注明的要求，结合简历设计面试问题，从而更好地获取信息。

求职体验感较差的情况：面试官未能根据简历内容进行有针对性的提问，甚至某些问题在简历中已有说明而其依然向求职者进行询问，求职者未感受到应有的尊重。

• 面试官应当掌握提问技巧和倾听技巧。通常情况下，在面试过程中，面试官主要是提问和倾听，求职者回答问题的时间占整个面试时间的比重比较大。在求职者回答问题的过程中，面试官应当及时对关键信息进行认真记录，从而能更有针对性地向求职者进行追问（结构化面试除外），并给予求职者礼貌性的回应（如眼神交流、点头、微笑、赞许、肯定等），尽可能使求职者在宽松的氛围中完全地展现自我（压力面试除外）。

求职体验感较差的情况：有些面试官的表达欲望比较强，经常在求职者回答问题时打断求职者而滔滔不绝阐述自己的观点，或者在求职者回答问题的过程中，表现出不认可和不耐烦的表情，全程低着头看简历，缺乏必要的眼神交流。

• 面试官应当提前做好工作安排，全身心投入面试过程中。面试官应当充分表现出对人才的渴望，展现专业的面试形象。一般面试官在收到面试安排通知后，会提前对当日的工作行程做好妥帖的安排。在面试期间，如果没有突发事件或重大事情，应当关闭非必要的手机通信，确保面试全程参与，这样才能对求职者有较为全面的评价。

求职体验感较差的情况：有些面试官可能比较忙碌，在面试过程中经常被其他事情打断，例如，频繁接听电话、离开面试场地等。完整的面试被打断，这对求职者的现场表现有较大的负面影响，且在面试过程中收集到的信息也是碎片化的。

第三个阶段：在面试结束后需要关注到的体验感

很多求职者的面试都是终结于面试官说的“回去等通知”这句话，然后就没有然后了。其实面试结束后，也是需要招聘管理者给予关注的环节。

对于已经通过面试的求职者，招聘管理者要第一时间通知求职者，以便及时锁定求职者，也让求职者能安心等待进入下一个招聘环节。对于暂时未能决定是否通过面试的求职者，招聘管理者要给予其必要的进度反馈（邮件形式较为正式）。对于未能通过面试的求职者，招聘管理者可以给予其正式通知（电子邮件、电话、微信均可），有条件的话，还可以提供有针对性的发展建议。

另外，强烈建议招聘管理者主动添加求职者的微信，并且保持必要的联系。和过去所谓的建立（纳入）人才库相比，招聘管理者与求职者之间的互动显得更为重要，当下次有合适机会出现的时候，或许某个求职者正好能符合岗位要求，不仅降低了招聘成本，也让求职者感受到，企业真的做到了把合适的人放到合适的岗位上。

因此，招聘流程的设计应当符合候选人的心理预期。招聘管理者要做的，是已优化的流程步骤让候选人感受到企业高效执行的果断，是较好的面试体验让候选人感受到企业文化氛围的温馨，是恰当的言谈举止让候选人感受到公司团队的专业，是用心细致的招聘跟进让候选人感受到公司求贤若渴的积极态度。可以说，公司的人才价值观所宣扬的理念，正是通过招聘管理者，真真切切地第一次传递给候选人。

6.4　对人才测评工具的理性认识

近些年，人才测评工具在招聘环节中的运用越来越多，各种各样的人才测评工具为企业人才选拔任用提供了专业的管理支持，展现出应有的专业价值。由于人才测评工具琳琅满目，我们在这里就不一一赘述了。招聘管理者可以根据人才招聘的需求进行有针对性的产品筛选。结合这些年的招聘实践经验，我和大家分享一些甄选人才测评工具的经验，希望能对大家有所帮助。

不要单纯地考虑测评产品的信度和效度，更要考虑测评实施的简便性

谈到测评产品的选择，一般都会关注到产品的信度和效度，这两个指标在一定程度上反映出测评产品是否具有可信度和准确度。不过在企业实践过程中，我发现有些产品能提供这两个数据，有些则不能。能提供数据的大多是专业机构的产品，它们有大量的产品信息和产品数据作为支持，而那些不能提供信度和效度数据的则通常为综合类、混合类的测评产品，甚至有些是并不具备专业背景的

测评产品。

大家一般都认为，具有信度和效度数据的才是好产品，即便如此，我们也经常会遇到信度和效度差不多的测评产品同时作为备选项。有些专业测评产品需要较为复杂的前期准备、中期配合、后期沟通，花费了企业较多的人力、物力和财力。其实，从招聘管理者的角度来看，没有最好的产品，只有最合适的产品。哪怕只是一些基础的逻辑测试、性格测试，都是可以作为备选的。招聘管理者易于上手的测评产品，能最大限度地提升工作效率，在招聘管理者掌握了必要的施测能力后就能使用的测评产品，能帮助企业降低不少管理成本。

尽可能使用通俗易懂的测评产品

有些专业机构的报告必须等待机构的专业评估流程或通过专业的顾问解读，这就导致企业在完成测评后，无法在第一时间得到报告或即便得到报告也无法获得有效的信息数据，不一定能满足企业人才决策的时效性要求。因此在选择测评产品的时候，可以考虑哪些报告是即时生成且报告内容是通俗易懂的，或者是在采购测评产品后，机构可以提供必要的报告解读培训（或专业顾问内部认证项目）。这样做的好处就是，企业能在第一时间得到报告，并且在组织内部可以形成统一的管理语言，对报告有相同的理解和认识，能最大限度地调动各相关部门的合作积极性与协调性，帮助招聘管理者更好地实现人才招募。

根据招聘预算情况来选择合适的测评产品

测评产品的选择范围很广，自然存在有些收费、有些免费的情况。相对而言，收费版本的测评产品在质量方面更加有保障，同时还能提供更为周全的配套产品及后续服务。而免费版本大多为网上可以收集到的各种资源，有些免费资源还能算是测评产品，只不过没有机构或专业人士提供更多的专业服务，但有些免费资源只能算作娱乐化产品，不具备应有的人才测评功能。对招聘管理者而言，应当根据招聘预算情况来进行人才测评体系建设。在招聘预算充足的情况下，尽可能地选择质优价廉的测评产品；在招聘预算有限的情况下，可以选择收费产品与免费产品组合使用；在完全没有招聘预算的情况下，应当选择具有一定人才测评功能的免费版本来平替专业的收费版本，避免使用既浪费宝贵时间，也不具有任何参考意义的娱乐版本。

要理性看待测评产品，不要存在过高的期望

招聘管理者希望通过一次测评就能对求职者做一个全面的人才画像，那是不可能实现的。在人才选拔过程中，测评产品可以作为参考要素，但绝对不可能是决定性因素。不同的测评产品可能侧重于不同的人才能力或潜能展示，即便是部分测评产品混合了多个测评技术，但依然无法对人才进行完整的评价。尤其需要注意的是，测评产品大多是基于心理学理论或技术衍生的，虽然能较好地评价人才当下的心理状态或预测未来潜力的可能性，但不可否认的是，目前没有任何一款能够预测未来绩效、受到普遍认可的测评产品。所以，招聘管理者理性地将测试产品看作一次对求职者的心理测验更为恰当。影响员工绩效的因素有很多，真正靠人才一己之力就能决定绩效结果或影响绩效产出的可能性一般较小。测评产品只是招聘环节中锦上添花的工具，应该选择最合适的，用对了、用好了、

会用了，才能真正发挥测评产品应有的作用。

画重点

招聘是个双向选择的过程。招聘管理者通过招聘面试流程设计，融入正向、积极的人才招聘理念，科学、有效的测评工具，严谨、高效的招聘方法，将雇主品牌和企业文化等人才核心价值理念传递给求职者，提升其面试（入职）意愿。同时对面试复盘及面试评估等要素在面试流程阶段完成设计，为后续人才决策做好铺垫及必要的数据支持工作。

第七章 | 精雕细刻：不可忽视的面试技巧

面试是招聘流程中的核心环节。很难想象，没有面试的招聘流程存在着怎样的用人风险。其实，面试是个既容易又不容易的招聘环节：说面试容易，是因为大部分的面试技能、技巧是可以通过后天学习所掌握的，甚至可以说是有一定面试规范可循的；说面试不容易，是因为面试官需要通过诸多知识和经验的积累，在面试过程中挖掘出充足的有效信息进行人才决策，这个积累的过程会花费很多精力与耐心。如何快速掌握面试技巧，就是本章想和大家分享的内容。

相较于其他模块，可能招聘模块给人的印象总是只要情商高、会聊天就能胜任岗位。很多人力资源管理者入行时的第一份工作，有一定概率也是从招聘做起。不过资深的招聘管理者们会意识到，真的想要把招聘模块做好，是需要日积月累的经验才可以胜任的。其中独立面试能力是考验招聘管理者的核心要素之一。

7.1　对面试环节的理解很重要

招聘的目的是什么？很多人跟我说，招聘就是在最短的时间内招到人。如果是这样的回答，一般我都笑而不语。我相信，每个人的内心世界都是不一样的，这一点，可能在面试时表现的更是淋漓尽致。当我们执着于招聘这件事时，往往会被一些冰冷的数据所驱动，而忘记了招聘的人岗匹配才应当是我们关注的重点。

招聘，就是让你从不同的渠道找到最匹配的人（注意，这里是“找到”，而非“招到”），而在面试方面，你更有可能学了很多的道、法、术，听过很多课程与分享，掌握了很多的工具与方法。但是我相信，你依然无法说，你能百分之百地确定，彼时和你面对面坐着的求职者就是最适合（人岗匹配）的。因此，面试让我们从不同的角度去看待求职者的表现。我们会逐渐发现，无论你选择用怎样的工具或技术，归根结底，还是需要了解候选人的内心，这才是招聘的艺术。

现在每次看到很多课程都在谈论招聘面试技巧的时候，我都会想起自己十多年前刚入行时的情景。那时候我的面试技巧很差，因为相信“相由心生”。当然，我也会运用结构化面试、无领导小组讨论、行为面试等科学方法，但我依然对自己的面试缺乏信心。我一直觉得人的内心是最复杂的，复杂到你根本不知道下一个面试者是如何表现的，脸上的喜怒哀乐也未必能真正反映出他最真实的想法，而我，只是个观察者。

我见过面试时，有男/女朋友陪的，也见过有父母甚至长辈陪的。基本无一例外的都是对候选人呵护备至（甚至见过代填求职登记表的）。其实这个时候，我就觉得，这些求职者的内心应该还是需要保护的，他们“柔弱”的表现，可能只是因为没有经历过太多的职场经验。可是反过来想想，职场竞争是激烈的，不在激烈的职场中磨炼，又如何能快速成长呢？但他们至少是真实的。有时候，我们会更偏好于举手投足间都透露着职业范的求职者，他们会迎合面试官的喜好，“体面”地回答面试官的问题，全程让你感觉舒坦。我相信，这样的确是很容易得到一部分面试官青睐的。不过，对于这样深谙职场之道的求职者，真的就是我们想要的吗？

看人、识人、辨人、定人的逻辑，在于你能洞悉一些敏感的信息。当你把招聘面试技巧刻意练习很多年以后，我相信，你会是一个很好的技术性面试官，但你不一定是最懂得求职者心理的面试官。就像我经常假设“如果不用任何招聘工具或方法，你是否还能招募到合适的候选人”时，你会是怎样的表情？茫然无措还是自信满满？如果你是前者，那么说明你比较倚重的是招聘技术；如果你是后者，那么说明你一定充满了人生阅历与职场经验。事实上，当我们把一些基本问题极端化的时候才会发现，我们往往因为急功近利而忘记了自己本该拥有的能力与责任。

招聘不应是简单的科学，更应该是门艺术。对招聘面试官而言，当我们开始招聘的时候，首要因素就是要知道如何才能获得必要的资源。人才寻访是个系统性过程，不能过于依赖任何工具给你的建议，而是要在面试过程中，不断地沟通、不断地练习、不断地揣摩，唯有对候选人内心有最真实的了解，才能将招聘真正地做深，悟透招聘面试的真谛。

7.2　结构化面试并非万能的

结构化面试通常是招聘管理者耳熟能详的词汇，也是日常工作中可能有所涉及的。一般来说，结构化面试必须由经过培训的考官，按规定的程序，对报考同一职位的求职者，始终如一地使用相同的试题进行提问，并按相同的原则追问；这些试题必须是与工作相关的，求职者的行为根据事先确定的标准进行评定，面试的结果采用规范的统计方法计分，面试合格的求职者按其分数由高到低的顺序进行考核。所以，简单地提炼结构化面试的特点就是：程序结构化、考官结构化、标准结构化。

一般而言，结构化面试主要包括以下四个环节：

- 前期准备

结构化面试实施前需要制订面试计划，对招聘岗位进行分析，从而确定面试要素。开展必要的面试官培训，受过专业培训的面试官提前阅读（熟悉）简历。招聘组织方设置场地等条件，进行面试团队角色分工，设计面试题本，并且确保相关资料齐全。

- 面试中

面试官应当与求职者建立和谐的关系，向求职者说明组织需求，在面试过程中按照面试题本要求进行提问，注意观察求职者的现场表现及非语言沟通，认真倾听求职者的回答，做好现场记录，能有效控制面试进度，在规定时间内完成必要的信息收集工作。

- 结束面谈

面试官向求职者解释说明整体的选拔流程及后续安排，对于求职者关心的某些问题，可以予以解释说明，但现场不给出面试结果的反馈。

- 面试后

招聘团队对面试信息及数据进行分类与评估，然后将所有信息进行整合与讨论，为招聘岗位的最终人才决策提供数据支撑，并向求职者提供面试结果反馈。

由于结构化面试整个过程需要投入的资源比较多，从目前来看，为了确保选拔工作的客观公正，国家或地区公务员录用面试中较多采用结构化面试。因为公务员录用面试符合结构化面试的特点，能最大限度地发挥结构化面试的系统性、公平性、规范性。而企业招聘通常同岗位招聘人数较少，并且岗位特性也具有较大的差异，因此在企业实践过程中，结构化面试用得并不多，或者说整体占比较低。招聘管理者们更多采用的是半结构化面试或非结构化面试。

就我自身的实践经验来看，结构化面试之所以不是日常招聘面试工具的最优选，主要是因为其虽然是比较规范的面试形式，有效性和可靠性较高，也可横向进行人才评价，但是无法对设定问题外的问题进行提问，这就导致在面试过程中，面试官受到较大的提问限制，影响了面试深度，求职者的个人特性和从业经历也很难有机会展示出来。因此，结构化面试不适用于对中高级管理人员的面试。我们很难想象在中高管的面试过程中，只采用固定流程的提问方式，是如何获得有效的面试信息的。

另外，想要真正挖掘出面试过程中有价值的部分，关键在于对求职者冰山以下部分能力的评估。我们都知道，胜任力冰山模型以上的部分是岗位任职资格的最低标准，这一部分通常通过简历筛选和基础面试就可以获得相对完整的信息，但冰山以下部分才是岗位持续的、稳定的、卓越绩效的重要来源和成因，有的公司已经建立了岗位胜任力模型，对冰山以下部分的能力要求就很明确，结构化面试反而无法发挥其优势，或者说无法有效收集到面试官想要的关键信息。

那么，选择自由度更高的非结构化面试是不是比较好？一般情况下，我不是很建议面试官采用非结构化面试，因为其对面试官的要求比较高。在非结构化面试过程中，面试官的问题是随机产生的，没有任何提前设计好的提问清单或提问框架，缺乏必要的规范化和标准化，面试官通常需要受过专业的培训，并且对招聘岗位具有一定的专业知识和实践经验，这样才能对招聘岗位具备必要的岗位认知和理解，否则容易在面试过程中无法提出有效问题，对于求职者的回答也无法进行专业判断，关键是，非结构化面试的随意性容易导致整个面试结束后无法收集到足够的人才决策信息，使面试官或招聘团队在最终进行人才评价时，无法运用统一的岗位标准进行评估。

基于以上原因，我一般建议使用半结构化面试，面试官可以根据招聘岗位工作特性，提前准备好核心问题，但不被要求按固定次序提问，并且拥有进一步询问和验证的可能性，从而获得比简历信息更为丰富和深入的面试信息。半结构化面试既保留了结构化面试的部分优点，也能给予面试官一定的发挥空间。有些面试官则可以按照面试官手册规范要求，根据不同求职者的特点（即便是应聘同一岗位），自由选择手册中的相关问题组成面试问题清单，在面试过程中根据现场情况有选择性地进行提问，这样的做法也是在实践中常见的。

无论是结构化面试还是半结构化面试，一般都包含六大面试题型：

背景性问题：主要了解求职者的家庭背景、教育背景、行业背景等问题。

知识性问题：主要考察求职者对应聘岗位相关专业知识的掌握程度。

智能性问题：主要考察求职者的综合分析能力、言语表达、逻辑思维能力。

意愿性问题：主要了解求职者的求职动机、价值取向、生活态度等。

情境性问题：主要考察求职者在虚拟环境中处理工作事务的应变能力与待人接物能力。

行为性问题：主要考察求职者在过往履行与应聘岗位相关职责时的关键行为与结果。

以上六大面试题型，一般招聘管理者在正式面试前，可以根据招聘岗位特性及岗位任职资格，有选择性地进行问题类型选择与问题设计，并且制定面试评估标准。在面试过程中，面试官注重收集求职者所回答的信息。面试结束后，将分类汇总数据与面试评估标准进行匹配，从而促成人才决策。其中，行为面试法是结构化面试的一种，是较为常用的面试方式，可以更科学、有效地获取真实、有效的信息。因此，我们将详细叙述行为面试法的实践运用。

7.3　了解行为面试法的基本假设、核心与实质

行为面试法是一种能相对有效排除面试官主观因素，以行为为依据、以目标为导向的有效选才工具。行为面试通过面试者的行为描述来判断其背后的品行、思想，准确概率较一般的面试方法要高。通过行为面试能了解到应聘者的品行是否与岗位要求吻合，深入探索应聘者的动机和兴趣点，是目前招聘面试中比较常用的面试方法。

行为面试法的基本假设就是通过一个人过去的行为能够预测其未来的行为，比如求职者过往表现优异可能在入职后有同样不错的行为结果。这种预测是基于行为的连贯性原理发展起来的，具有较

高的可信度。另外，招聘管理者可以依据招聘岗位的岗位说明书来确定胜任岗位能力、达成任务要求、实现绩效指标的关键行为清单，将关键行为清单中的行为标准与求职者面试过程中所表述出的行为表现进行匹配，推断求职者是否能满足岗位胜任要求。行为习惯与行为目标是一个相辅相成的循环过程，缺少任何一部分，都无法对求职者形成完整的行为评估。这也就意味着，想要有效用好行为面试法，既要通过专业招聘管理者来列明行为考察的目标清单，也要求面试官具备专业的面试能力，即能在行为面试过程中注重对行为考察信息的捕捉能力，包括但不局限于求职者在面试过程中的语言、表情、动作、眼神等，一些细微的现场行为变化都是对求职者事实陈述的辅助印证。

行为面试的核心是通过结构化面试或半结构化面试获取有效信息。获取有效信息的过程通常分为两部分。第一部分是实施面试，通过面试官与求职者的现场谈话与交流、提问与分析、信息收集三个步骤来获得基本信息与数据。一般在实践中，这一部分的活动需要由招聘团队提前设计，即需要通过面试完成对哪些信息或数据的收集，其实是从一开始就已经明确的，这样面试官在面试过程中更能有的放矢地去收集，有效提高面试效率和信息收集效果。第二部分为面试评估，通过招聘团队对面试过程中收集到的信息或数据进行整合、判断、评价、人才决策四个步骤来最终确定合适的人选。这一部分主要就是将在面试过程中收集到的信息与数据加以整合与分析，尤其是对面试记录表及面试评估表的综合分析，将求职者的面试结果进行数据量化，与岗位任职资格等人才标准进行匹配，从而确定求职者是否符合或超越招聘岗位预期绩效目标，最终为人才决策提供充足的信息依据。

行为面试的实质是发现和了解求职者的心智模式。心智模式这个名词是由苏格兰心理学家Kenneth Craik（肯尼思·克雷克）在20世纪40年代提出来的。我对心智模式的理解是，每个人受成长环境、教育经历、成长阅历、社会交往等因素的影响，或者受某些突发事件或信息的刺激，产生特定的思考和行为方式，并且通过不断强化这种意识，主动调整其外在的表现行为，从而对周围世界和他人产生正面或负面的影响。简单来讲，心智模式就是人们组织和加工世界的方式。每个人的心智模式不同，通常无法直观地进行观察或了解，但是人的行为都是受意识驱动的，那了解一个人最好的或者说最直接的方式是知晓其行为模式，从而反向猜测他的心智模式。

需要注意的是，我们在面试过程中探究的行为模式，只是考察求职者在企业中完成特定项目或任务时所表现出的相关行为。此类行为模式一般由职业经历和行为结果两部分组成。职业经历是代表求职者之前在经历某个特定项目或任务时所采取的一系列行为，也可以简单地理解为求职者是否具备与应聘岗位职责相同或相似的从业经历；而行为结果则是证明求职者在完成某个特定的项目或任务过程后所得到的工作成果，通常我们也可以把这个成果理解为绩效指标考核完成情况。

因此，通过对求职者行为模式的探究，将其行为模式与企业招聘岗位进行匹配，能最大限度地推断该求职者取得高绩效的概率。通常情况下，一个人的行为模式是可以通过面试获得相关信息的，但真正影响绩效的关键因素是胜任力模型冰山以下的部分，越是职级高或社会地位高的求职者，他们的心智模式越是推动组织发展的关键因素。高层管理者的心智模式决定了企业战略及经营目标是否具备可操作性，而对行为模式的探究，通常更适用于中层管理者及以下员工的面试过程。当然，作为招聘管理者应当非常清楚地知道，任何面试方式都不能保证对求职者心智模式或行为模式的分析百分之百正确，正如同其他管理行为一样，由专业招聘团队或面试官按照科学、规范的面试流程实施面试，可以使这种心智模式或行为模式的探究准确率得到明显提升。

说到行为面试，我们不得不提到STAR模型，其每个字母的解释、定义与相关问题可以参考以下表述。

S（Situation）背景

候选人实施任务的背景情况。

问题1：你能描述一下当时是什么样的任务背景吗？

问题2：你能描述一下任务背景产生的原因吗？

问题3：这个任务背景对你的影响是什么呢？

问题4：在这个任务背景里，哪些因素是你首要考虑的？

T（Task）任务

候选人任务的具体内容。

问题1：你接到任务的时候是如何考虑的？

问题2：你当时的任务目标是什么？

问题3：你对任务目标的合理性是如何判断的？

问题4：哪些因素对你制定任务目标起到了关键作用？

问题5：你在任务中扮演怎样的角色？

A（Action）行动

候选人为了完成这些任务所采取的行动。

问题1：当时你采取了哪些行动？

问题2：在执行过程中，是否与预期产生了偏差？

问题3：偏差是如何产生的？（你是如何避免偏差产生的？）

问题4：在行动过程中，你觉得哪些事情对完成目标是最有作用的？

问题5：在行动过程中，你是如何应对突发事件的？

R（Result）结果

候选人采取行动之后的行为结果。

问题1：任务的最终结果是怎样的？

问题2：这个结果，你觉得是完美的吗？

问题3：在完成任务的过程中，有哪些让你感觉遗憾的地方？

问题4：如果给你机会再做一次，你觉得哪些地方可以改善？

问题5：你对完成任务所作的最大贡献是什么？

问题6：你的领导是如何评价这次任务的？

问题7：完成任务对业务有哪些影响？

要理性看待行为面试法的实施效果。行为面试法的基本假设中非常重要的一点是，只有在对员工绩效影响的诸多因素保持不变的情况下、相对比较客观的对比环境中才更有价值。但这在现实工作中是不太可能的，往往受行业、规模、企业性质、经营模式、产品结构、研发能力、盈利能力、团队组建等诸多因素影响，在不同企业推动同一个工作事项都会存在明显的差异。因此，不要认为只有行为面试法才是最好的、最规范的，或者认为只有行为面试法才能获取有效信息，对其报以过高的期望。行为面试法往往也是和其他面试题型相结合一起使用的。

在实践中，行为面试法的STAR模型对于招聘基础岗位的作用是有限的，因为工作内容相对简单，收集信息过少，例如一线操作工或行政事务性岗位，他们大多数工作内容是按照规范流程操作，自主可控的操作较少，因此比较难以形成完整的STAR闭环。而对中层、高层岗位而言，如果完全运用行为面试法STAR模型，则收集的信息可能过于庞大（如考察高层的战略决策能力）。因此，在有限的时间内我们收集的只是我们需要的关键信息（如结合领导层胜任力模型），从而做出有针对性的事实判断。在这个过程中，往往是“提问—分析—追问—再追问”这样的提问模式，往往只有通过一系列的问题组合才能挖到深层的隐藏信息。作为招聘管理者，对于存疑的问题必须紧追不放才能去伪存真，才能真正对候选人有较为全面的了解，得出正确的判断。

7.4 行为面试法的四大原则

招聘管理者想要用好行为面试，需要了解和掌握必要的四大原则：0干扰原则、0暗示原则、放大镜原则和有效数据原则。这四大原则能显著改善行为面试的提问技巧，提升行为面试的信息收集效率，同时有助于面试官在整个面试过程中控制面试节奏，深度挖掘有效的面试信息，对关键问题和细节进行聚焦。

第一个原则：0干扰原则

面试官在面试过程中不能受到候选人回答内容之外的任何因素干扰。经常干扰面试官的主观因素/偏见影响包括刻板印象、光环效应、镜像效应、夸大负面信息、异性效应。面试官必须意识到，面试关键信息的收集在于求职者说了什么（包含潜在的行为动机），而不是怎么说的。

这些干扰因素将导致面试官在面试过程中对求职者表达的信息进行预判，因为求职者的某些特长、优缺点、职业经历，甚至身材、容貌、谈吐等因素，直接作出人才决策，这样显然是失之偏颇的，也没有充分发挥面试应有的功能和作用。

第二个原则：0暗示原则

面试官应当在面试过程中控制情绪表达及注意行为表现。任何情绪表达或行为表现都会给求职者一些暗示信息，主要如表2所示：

表2　暗示或具有明显倾向的表示

<table>
<tr><td rowspan="3">暗示或具有明显倾向的表示</td><td rowspan="2">行为</td><td>表情</td><td>• 突然的表情变化：从微笑到突然眉头紧锁
• 明显的表情示意：崇敬、赞赏、轻蔑、嘲笑</td></tr>
<tr><td>动作</td><td>• 从端坐到身体前倾
• 身体开始往后靠
• 放下笔，双手环抱
• 用手捂住嘴</td></tr>
<tr><td colspan="2">语言</td><td>• “嗯，是的，有道理。”
• “是的，我们公司也是这么操作的。”
• “我感觉你在这块好像没什么实践经验啊！”
• “可以了，不要说了，我知道你的意思了。”</td></tr>
</table>

当这些暗示或具有明显倾向的表示被求职者捕捉到以后，容易导致求职者根据面试官的反馈及时作出更有利于自己的语言或行为改变。例如，面试官从端坐到身体前倾的动作改变，一般会被认为对求职者表述的内容感兴趣，求职者此时会更加积极地表达符合面试官偏好的内容，甚至可能出现对某些事实夸大的成分，从而凸显求职者的某些胜任能力。又如，面试官放下笔，双手环抱，同时伴有身体往后靠的举动，一般会被认为对求职者表述的内容不赞同或不感兴趣，此时求职者可能会中断正在表述的内容，转移话题，或者对正在表述的内容避重就轻，这些都不利于面试官现场进行信息的收集。

第三个原则：放大镜原则

在一开始提问的时候，求职者通常给出的回答，往往是概念模糊或比较抽象的，无法收集到有效的行为表述，这时，面试官需要使用聚焦技术，通过直接信息或间接信息，不断深入挖掘细节，如同用放大镜去探测一样。

比如，通过恰当的追问，获取更多细节方面的信息。

- “你在这里说的‘管理’是什么意思呢？”

（深度挖掘求职者当时具体的“管理”行为）

- “你可以给我讲一个例子，来解释你如何‘带领’你的团队展开工作的？”

（考察求职者是如何具体开展团队管理工作的）

- “在你说‘制订计划’时，通常涉及哪些事情呢？”

（考察求职者在计划制订、目标管理、风险预测、团队管理等方面的能力）

- “你说你打动了客户，你当时做了什么，为什么打动了他？”

（考察求职者在为客户服务或处理投诉时具体的行为表现）

- “你听到下属向你抱怨工资低导致情绪低落时，你采取了哪些行动呢？”

（考察求职者在团队管理、员工发展、人才梯队建设等方面的能力）

而不恰当的追问则可能带有面试官明显的主观色彩。

- “你为什么要这么说呢？”

（结合语境，面试官可能传递出不应该说，或说的内容未达到预期效果）

- “你做这个事情时会担心出现问题吗？”

（面试官传递出“这个事情很可能会导致一些问题的产生”的潜在信息）

- “你当时有具体告诉他应该怎么做吗？”

（面试官有提醒或诱导求职者往面试官预期的方向回答问题）

- “你说的难受是指因为这个事情感到沮丧吗？”

（面试官这样的提问对求职者的回答有明显的倾向性）

- “他做得这么差，你有什么感受？”

（面试官如果主动对求职者的回答做出心理预判，不利于信息的收集）

第四个原则：有效数据原则

所谓有效数据，是指求职者在面试过程中所表述的内容，有具体、明确的行为、想法、感受或结果，并且对关键实施信息具有较强的复述能力。求职者在回答问题的过程中，可能不经意地对某些事实未能详细阐述（当然也不排除有些是刻意回避，如由于简历过分修饰甚至造假导致），面试官需要及时进行追问获得求职者的解释或澄清，并做好记录。如果求职者在回答过程中出现以下词语，需要引起面试官的重视：

- 理论性词语：应该、必须、我认为、我觉得等；
- 含糊的词语：一般情况、通常、可能、经常、有时等；
- 角色不明的词语：我们、每个人、大家、所有人等。

有效数据和无效数据的对比，也可以参考表3。但需要面试官注意的是，有些求职者本身具有明显的口头禅（一般说来……我都是这样做的）或习惯性用语（比如，涉及团队或人物角色时，都是以“我们”作为开头）。遇到类似的情况，在面试过程中，只需要对关键细节进行追问即可，不必要求求职者对每个细节都进行完整的阐述。

表3　有效数据和无效数据的对比

对比维度	有效数据	无效数据
事件主角	主角是“我”	通常是“我们”
行为特征	基于情境的特定行为	一般情况下，如“我通常会……”
想法/感受来源	自发的、主动的	被面试官引导的
想法/感受产生时机	事发当时、即时的	对过去事件的现在感受
行为描述	具体的行动	模糊的概述
行为结果	明确、具体的结果	抽象的结果

7.5　行为面试不是聊天，提问/追问技巧是关键

对于行为面试法STAR模型，日常使用的关键点在于通过这种方式方法获得关键信息，而不只是停留在候选人回答的浅层信息，即挖掘深层的关键信息。通过面试对象描述其过去某个工作或者生活经历的具体情况，面试官来了解和判断求职者各方面的素质。为了得到较为完整的信息，我们需要对求职者不完整的行为事例进行识别，从而有针对性地追问，必要时，可以针对回答的具体内容持续追问下去，直到获得所需的信息。

比如以下追问方式：

求职者：当时我尽了最大的努力超额完成了年度招商目标。

追问1：能否说一下你到底做了哪些努力？

追问2：请问你的年度招商目标是多少？具体完成多少？

这些追问并不是让候选人一次就完成所有的回答，而是需要层层剥茧式，让候选人努力回忆过去的行为细节。结合STAR模型，最终形成一个完整的行为事件。但在这个过程中，我们要注意，通常

面试官对求职者应当采用引导式的提问方式，而不是进行暗示或诱导候选人回答某些问题。

同样以刚才那个问题为例：

求职者：当时我尽了最大的努力超额完成了年度招商目标。

错误的追问1：你到底做了哪些事情，比如是不是在入驻条件上有所优惠，还是跟乙方供应商达成了其他条件，你跟我说一下。

错误的追问2：你的招商目标是多少？是签约率还是入驻率？按照当时你项目的体量、定位和地段，我估计第一年招商入驻率能做到75%就很好了，差不多吧？我说得对不对？

很明显，错误的提问方式和面试官不专业的自问自答，只会让候选人更了解面试官想听怎样的答案，反而对面试官获取关键信息产生了误导。

那么，我们如何才能真正地掌握有效的追问技巧呢？其实，真正有效的追问技巧并不是刨根问底式地将所有行为信息进行还原。其实，很多时候，求职者在回答问题时，往往会出现“五星”行为描述，分别是：模糊性描述、观点性描述、假设性描述、理论性描述和评论性描述。作为招聘官，我们首先要判断通过其描述的行为是否能获取足够的关键信息，如果不能，则继续判断到底是属于不完整的行为事例还是虚构的行为事例，灵活采用追问技巧来挖掘真实信息。

模糊性描述：

通常只是听起来求职者做了某些事情，但实际上并没有对具体行为进行描述，无法提供应有的信息。

模糊性描述典型追问技巧：

例句：当时我发现客户非常生气，就上前安慰了客户，客户最终消了气，投诉就这样顺利地解决了。

面试官判断：这个情况比较常见，可能是真实案例，但是行动方面表述得还不够详细。

现场追问：当时你是怎么想的，具体采取了哪些行动，能做进一步的描述吗？

观点性描述：

通常只是求职者表述了其个人观点、态度，但实际上可能并没有采取任何具体行为，无法得到完整的信息。

观点性描述典型追问技巧：

例句：我认为，作为领导者，最重要的就是要有带领团队的人格魅力，这是构建和谐团队最基础的保证，没有这个，团队就会像一盘散沙。

面试官判断：可能是虚构的行为事例，要求候选人做详细说明。

现场追问：您能就如何作为团队领导者角色这个观点，谈一下过去您具体在哪些方面采取过行动？是在怎样的情况下促使您选择这么做？取得了怎样的结果？

假设性描述：

通常求职者只是表述了理论上应当采取的行动，但实际上无法确定是否采取了行动，因此无法根据过去的行为作出任何判断。

假设性描述典型追问技巧：

例句：假如当时招聘预算能再多一点，我相信一定可以有更多的招聘渠道，这样就可以找到更优秀的候选人。

面试官判断：可能是个不完整的行为事例，但可以考量候选人是否具有反思能力与责任感，这值得探究。

现场追问：您当时的招聘预算是多少？您是怎么分配使用的？

当时使用了哪些招聘渠道？使用效果如何？您是怎么对渠道进行评估的？

理论性描述：

通常求职者回答的内容是符合常识或正常逻辑的，但对于具体行为并没有进行细致的描述，依然无法得出真实的信息。

理论性描述典型追问技巧：

例句：对员工来说，无论是奖励还是惩罚都必须是及时的，因为只有这样才能让员工知道什么是公司鼓励的、什么是公司禁止的。

面试官判断：候选人根本没有行为展现，但如果需要考量团队管理能力，则有追问的必要。否则，也可放弃追问，换其他话题。

现场追问：您可以举一个您具体处理过的案例来论证这个观点吗？

评论性描述：

通常是求职者针对某个具体人物或事件的评价，往往会采用较多的形容词进行描述，但缺乏有力的证据来证明论点。

评论性描述典型追问技巧：

例句：我的优点是具有良好的团队协作精神，能坚持原则，具有良好的学习能力。

面试官判断：典型的不完整的行为案例，可以针对具体能力进行追问。

现场追问：您能举例说明，在您之前的职业（实习）经历中，是如何进行团队协作的吗？

强有力的追问并不能让招聘面试官在整个过程中持续不断地挖掘关键信息。正确地灵活运用追问技巧才是核心，但如果追问得不恰当，反而容易让候选人因为招聘管理者的不专业而出现“五星”行为描述。因此，面试官必须正确运用追问技巧，避免陷入误区与陷阱。

- 对某个问题仍存在疑惑的时候，跟进一个问题；
- 避免使用假设性问题；
- 避免使用具有暗示性的提问；
- 避免使用具有明显倾向性的提问；
- 避免使用已经具有明显引导性的提问；
- 避免在面试过程中使用理论性的陈述。

关于行为面试法的有效运用，主要还是依靠日积月累的实践经验，任何面试技巧都不是万能的，最好的直觉判断也必然是经过多年的实践经验才能得出的。只有在实践中多使用工具，对于求职者的回答，才有可能在第一时间作出正确的判断和进行强有力的追问。有条件的企业，在应用行为面试法的情况下，配合胜任力模型可能会取得更好的效果，但是前提是招聘管理者应当经过专业的面试培训。因为一旦候选人的描述符合"五星"描述，招聘管理者就必须及时进行追问，取得完整的信息。当然，没有建立胜任力模型的企业，招聘管理者可以考虑在面试前与用人部门负责人沟通该岗位的关键胜任能力或胜任行为/经验，以便在面试过程中对候选人进行有针对性的考察。

小贴士

STAR模型的核心要求是尽可能还原事件的来龙去脉：
既要确认角色，更要诠释责任；既要了解背景，更要清楚资源；
既要考虑动机，更要考虑能力；既要清晰定义，更要量化标准；
既要确定目的，更要洞悉原因；既要明确选择，更要求证可能；
既要注重结果，更要关心过程；既要直接结果，更要深远影响。

画重点

面试是人才招聘流程中不可或缺的环节。招聘管理者对面试环节的深刻理解将影响整个过程中信息收集的方式和有效性。招聘管理者通过面试既能与求职者面对面交流，观察其言谈举止，也能运用结构化或非结构化面试，充分收集面试信息，结合岗位人才标准综合考察求职者的岗位胜任能力，真正将面试环节的作用和意义发挥出来。

第八章 不拘一格：合适永远比优秀更重要

人才决策是招聘流程中的重要环节之一。但在企业高管或招聘团队作出科学、规范的人才决策之前，还有两个非常重要的环节：一个是薪酬谈判，行百里者半九十，很多招聘失败的原因都是在这个环节和候选人谈薪酬时没谈妥；另一个是背景调查，面试过程再愉快、面试结果再出彩，但是依然有很多事情是招聘方不能完全掌握的，通过第三方信息核实候选人的真实情况是非常必要的。将合适的人放在合适的岗位上，才能真正发挥人才价值。

关于招聘到底是招合适的还是招优秀的，可能每个人的态度都不一样。优秀人才通常专业能力或管理能力比较强，但相对的薪酬要求比较高、个性特色比较明显、稳定性不好捉摸。合适的人才一般专业能力和管理能力过关，薪酬要求合理，履历表现也不错，但未必具备用人部门所期望的那种能“力挽狂澜于既倒，扶大厦之将倾”的核心能力。不过，即便给优秀人才的薪酬高于企业目前的平均工资水平，未必能真的招到他们，或者说就算招到了，也不敢保证一定能留得住。

真正对企业贡献较大的，未必都是同行业中的佼佼者，恰恰是那些具有一定专业能力，又愿意与企业共同成长的老员工、核心员工。这说明，在作人才决策时，合适永远比优秀更重要。因此，在作人才决策前就应当确定招聘标准和岗位价值，在此基础上与候选人有针对性地谈判薪酬，并对候选人进行全面的了解，这样作出的最终决策才是相对有效的。

8.1　正确的薪酬谈判策略，关注人才价值而非价格

做招聘的都知道，能不能既找到优秀的候选人，又降低人力成本，做到相对平衡，这个过程其实是非常考验谈判技巧的。就目前来看，很多企业招聘难做的原因之一就在于薪酬谈判的策略，为了控制人工成本，一味地研究如何在薪酬谈判中压低价格录用人才。其实，做招聘时应该转变思维，考虑如何用公平的薪资报酬吸引人才。

招聘管理者首先要明白一点，购买人才价值远比单纯考虑增幅重要。可能很多做招聘的都会遇到定薪问题（由业务部门定薪的除外），纠结如何确定候选人工资水平。虽然上了不少课，看了不少书，却都没有告诉你具体答案。突然发现，幸好有个数据叫历史薪酬，招聘管理者们如获至宝，开始研究候选人之前的薪酬是如何构成、如何发放的，分析增长趋势，然后要求候选人提供银行流水账或其他证明。等全部核实完，再跟企业高管报备说，建议在这个基础上增幅不超过×%，最后才是和候选人去谈，能不能接受，这样看来，薪资谈判的前期准备是不是顿时觉得很轻松？

可是，薪酬谈判的焦点并不是简单的薪酬增幅这个问题。薪酬是对人才价值的评定。如果做过职级体系，就很容易理解这句话。就像我们无法单纯地确定某个岗位的薪酬范围，岗位工资根据不同

行业、不同地域、不同公司性质、不同岗位职责等无法给到具体的数字，级别越高的区间范围越难定。就好比目前互联网金融行业的专员级工资可能与传统制造业经理级的工资持平，甚至更高，但是从岗位价值来看，制造业经理级却很可能比金融行业专员级更高。再说的实际点，如果两位候选人同时跨行业应聘某主管岗位，制造业经理A要求工资增幅80%，而互联网金融业专员A只要求涨幅20%，到底面试评估的是他们的专业能力，还是仅仅因为80%的薪酬增幅就直接拒绝了A呢？

作为专业的招聘管理者，应当明确，历史薪酬并不能完全体现人才的价值。人才之所以选择跳槽，很大程度上就是寄希望于新公司能给予与其能力匹配的薪酬水平。招聘面试官只是在公司合理的岗位薪酬区间范围内，通过具有竞争力的薪酬购买优秀人才的专业能力与岗位价值，这才应当是招聘面试官最应该关注的。

招聘管理者如果在谈判薪酬时有博弈心理，那很容易导致候选人放弃Offer。很大程度上说，面试就像一次买卖，薪酬谈判则是讨价还价。候选人（卖方）尽可能地展现自己的优势，从而获得更高的溢价筹码，而招聘面试官则代表公司（买方）对候选人进行评估，必要时挑剔一下缺点进行压价。这样的场面或许很多人都很熟悉。其实，面试过程中的博弈心理，让我们在信息不对称的情况下，都在为自己所代表的一方争取利益最大化，那这种利益到底该如何建立标准呢？或许每家公司都有自己的招聘标准和薪酬结构，但是，如果一味地依靠压低工资来获得人工成本上的利益最大化，极其容易造成优秀人才的流失。真正优秀的人才只有在适合的土壤里才能发挥最大的作用。

那些依然认为依靠薪酬谈判，压低优秀人才薪酬来实现控制人工成本的做法，恰恰是最得不偿失的。如果招聘面试官正在为又压低了一个候选人的薪酬而沾沾自喜时，候选人则可能已手握多个Offer，第一个排除的肯定就是无法给予公平薪酬的企业。另外，由于空岗导致的人工成本及团队士气打击，可能给在职员工甚至是企业运营带来多米诺式的恶性连锁反应。这一点，与教科书里提到的，高昂的员工离职成本及再招聘成本，都能得到印证。部分采用薪酬领先策略的企业，员工工作效率则往往得到提升，员工关系趋于缓和，服务品质领先同行，从长久利益来看，整体人工成本反而真正得到了控制。

所以，我们不妨得出这样的结论：薪酬谈判的最佳平衡点在于人岗匹配。归根结底，薪酬谈判就是在寻找平衡点。对公司而言，这个平衡点应当是候选人与岗位要求之间的最大匹配。从一定程度上说，宁可选择略低于岗位要求的候选人，而不要选择高于岗位要求的，就像彼得原理说的那样，在组织中，员工总是趋向于被晋升到其不称职的地位。如果员工从一开始就已经完全胜任岗位要求了，要么就是对毫无挑战的岗位心生倦怠，要么就是被录用的时候想好了混日子，结果都是浪费了公司宝贵的资源。

从这点来说，薪酬谈判的作用就是，既要根据面试结果将混杂在候选人议价空间里的水分排出，也要通过有效的人才评估方法正确衡量候选人的价值。所以，越来越多的企业开始在招聘过程中应用人才测评技术。当我们一直在谈如何找到企业迫切需要的优秀人才时，也应当通过薪酬来真正给予其价值与能力的肯定。薪酬谈判，既要围绕薪酬来肯定人才，也要通过非经济报酬来吸引人才，塑造一种人文关怀的企业文化，目前看来，也是非常必要和有效的手段。其中，能打动候选人的人文关怀之一，就包括招聘面试官的爱才之心和对人才价值的尊重。

因此，作为人才保留计划最开始的阶段，通过薪酬谈判实现人岗匹配的重要意义也显而易见。如果这个阶段没有做好，从一开始就没有找到最合适、最匹配的人才，那接下来的几个阶段想做好，也就变得颇具挑战了。

如果招聘管理者不得不开展薪酬谈判，那么可以考虑以下这9种薪酬谈判技巧：

第一，只告知薪酬范围的下限和平均值。很多时候当求职者问到薪酬待遇的时候，招聘管理者会告知一定的岗位薪酬区间，例如，某岗位薪酬在20万—30万元，那求职者的心理预期就会往顶格的30万元去争取。有经验的招聘管理者会向求职者告知薪酬范围的下限和平均值，岗位工资下限是为了说明这个岗位工资不会低于这个数，给求职者以心理保障，而平均值是因为要综合考虑求职者的胜任水平才能最终确定，这样告知既能避免露出岗位工资的底牌，也能让求职者大致知道岗位的薪酬水平。

第二，需要明确招聘岗位的薪酬水平上下限。在正式谈判薪酬前，招聘管理者应当非常清楚招聘岗位的薪酬水平上下限，因为临场薪酬谈判时，招聘管理者要清楚谈判的边界和底线是什么。通常对于候选人提出的薪酬明显超出薪酬水平上限的，招聘管理者要果断告知候选人薪酬水平过高了，并询问候选人期望薪酬的最低要求是多少，如果依然高于薪酬水平上限，则招聘管理者可以婉转地告知候选人可能需要进一步做评估后才能答复。

第三，在电话沟通或面试过程中，避免一开始就谈薪酬。招聘管理者一定是根据候选人的整体面试结果综合评价后才能确定薪酬水平的，盲目地或过早地告知薪酬水平会无形中提高候选人的心理预期，当然如果明显低于候选人心理预期的话，候选人也很有可能主动放弃面试，这样做也就失去了一次互相了解的机会，毕竟薪酬谈判也要在双方都沟通过以后才能大致确定意向。

第四，最大限度地了解和掌握候选人目前的薪酬水平。招聘管理者在正式开展薪酬谈判前应当全面了解应聘者的收入情况（例如，可以在求职申请表中进行相关信息的收集），包括其税前固定薪酬、浮动薪酬、福利补贴、期权股权、履职待遇等。这样在具体的薪酬谈判中可以明确哪些收入部分可以有谈判空间。

第五，考虑运用整体薪酬的概念。整体薪酬指的是候选人入职后全年可获得的直接或间接货币性收入。如果企业在薪酬体系框架内无法在固定薪酬部分满足候选人要求，可以考虑将公司的福利补贴或履职待遇部分转化为可量化的薪酬数据（如补充公积金、企业年金、住宿补贴等），或者是具有吸引力的年终奖，打包以年薪的方式打动候选人。

第六，具备满足候选人特定需求的能力。薪酬谈判也需要分析候选人的离职原因。在面试时，面试官可以主动询问候选人跳槽最注重的是什么，如工作稳定性、发展平台、成长机会、企业文化等。如果企业具备帮助落户、职称评审、子女读书、人才吸引计划、优秀人才有额外的食宿补贴等，这都是不错的薪酬谈判筹码。曾经我还遇到过长期驻外想回老家陪孩子而甘愿降职降薪入职的，这些也是招聘管理者需要关注到的需求。

第七，了解不同职业阶段候选人的诉求。并非所有的候选人在跳槽的时候看重的都是薪酬水平的提升，不同事业期的候选人内在需求也不一样。对正处于事业探索期的候选人来说，公司具备良好的带教体系就是很有吸引力的。对正处于事业上升期的候选人来说，公司具有良好的晋升体系和发展空间无疑是不错的选择。对正处于事业成熟期的候选人来说，公司卓越的业务模式和良好的团队氛围更适合发挥其能力所长。对正处于事业转型期的候选人来说，稳定的工作环境和低风险的岗位职责是比较着重考虑的。招聘管理者可以通过了解候选人当前的职业发展诉求来进行薪酬谈判。

第八，谈判薪酬时，态度要诚恳。既然是薪酬谈判，那双方就是平等地对岗位薪酬进行沟通。在整个薪酬谈判的过程中，招聘管理者应当先和候选人确认期望薪酬（一般填求职申请表或面试时会有提出），当候选人提出的要求远远高于公司薪酬水平或其自身能力水平时，招聘管理者要控制情绪，依然要保持足够的专业素养，合理看待候选人提出的薪酬要求，心平气和地与候选人进行沟通，切忌出现态度上的轻蔑和语言上的冷嘲热讽。但也要在必要时，亮出薪酬水平的底线原则，不要把谈判变成讨价还价。

第九，展示企业的未来愿景及个人成长空间。在薪酬谈判进入僵局时，招聘管理者可以向候选人介绍企业所在行业的发展趋势、企业的发展历史、现状及未来走向和发展战略。可以结合候选人的自身特点做简单的职业发展规划，包括介绍企业内部的晋升机制和人才发展通道等，以满足候选人的成长渴望。

至于有些薪酬谈判技巧，如招聘管理者故意挑刺候选人的回答打压其心理预期，或者是利用候选人简历中某些弱项故意压低工资，一般我是不太建议使用的。毕竟薪酬谈判是平等交流的过程，招聘管理者不能利用招聘方的优势地位去要求候选人接受公司的薪酬水平。对于真正优秀的人才，是不太会接受与付出价值不对等的薪酬水平的，或者即便入职了也只是过渡一下。一旦有更好的机会，一定会选择跳槽。薪酬谈判要的结果并不是谁赢了谁，或者谁占了谁便宜，最理想的结果肯定是双赢。

8.2 让背景调查成为降低风险的关键一环

如果招聘管理者已经和候选人就薪酬水平达成一致意见，那距离最终的人才决策只有一步之遥。这一步也是非常重要和关键的，甚至可以说具有一票否决权，它就是背景调查。背景调查是能直接证明候选人真实情况的有效方法之一。通过背景调查可以核实候选人简历中的信息，也能深入了解候选人简历之外的其他与应聘条件相关的信息（如性格特点、协作精神等）。当然，最主要的还是需要了解候选人过往的真实业绩及潜能，以便预测候选人入职后是否能表现出足够的优秀。对于有些企业因为各种因素未能对候选人进行背调的，其实企业承担着较大的用人风险，尤其是在企业录用中高管的时候，这类人往往握有较多的资源和较大的权限，一旦真实信息与求职信息不符，企业的经营风险是显而易见的。因此，背景调查作为人才甄选的一种方式，能在一定程度上降低人才招聘环节的用人风险，让企业招聘到合适人选。

背景调查的形式多种多样，多数企业会通过电话向候选人以前所在的公司直属上司或同事询问。在实践中为了保证收集信息的全面与有效，一般由招聘管理者或人力资源负责人（必要时人力资源分管领导）组织开展背景调查。通常，与候选人的原直接上司进行背调，其效率比较高。

一般背景调查包含三部分信息：

个人履历：核实原公司名称、入职时间、离职时间、职位名称、晋升时间（如有）、离职原因、薪酬水平、工作绩效等。

能力表现：专业能力、抗压能力、人际能力、团队管理能力、协作能力、执行能力等。

其他想要了解的事项：如是否与原单位签署了竞业协议，与原单位是否尚有劳动仲裁需要解决，在原单位是否获得过重大表彰或重大惩处等。

随着时代的进步以及第三方机构的介入，背景调查也可以查询其他候选人与胜任岗位要求相关的信息（如通过学信网查询学历的真实性）。可以说，背景调查在一定程度上提高了招聘方对意向人才真实情况的辨别能力，降低了人才决策及岗位用工风险。

为了收集有效信息和规避用人风险，背景调查主要在三个时间节点使用：

第一，正式面试前。这种适用于人数较少但职级较高的岗位（如首席××官），通过背景调查筛选出符合公司招聘要求的候选人，降低面试成本。

第二，发放录用通知书前。这是较为常见的做法，在最终人才决策前，对意向候选人进行背景调查，既能筛出不符合条件的候选人，也能将背景调查结果作为横向比较因素。

第三，正式入职后。有些公司或有些岗位选择在候选人入职后进行背调，除非有特别原因，一般不建议将其作为常规操作，因为已经入职的话存在一定的用人风险。

在正式开展背景调查前，招聘管理者还需要准备或明确以下事项：

• 确定背景调查的覆盖范围：一般来说，为避免法律风险，公司对所有入职员工都要做背景调查。但考虑到背景调查的成本问题，如果是密集型企业或人员流动率比较大的企业，可以根据岗位层级设置相关的背景调查内容，核心岗位、关键岗位、骨干岗位的背景调查可以包含的内容多一些，而基层岗位涉及的内容可以较为简单。

• 确定背景调查的主要方式：电话调查、问卷调查、网络调查、上门调查。具体的背景调查方式根据企业性质、岗位级别、路程远近、调查内容、调查人数、调查周期等因素确定。如果公司自行开展背景调查成本较高（包括直接成本和间接成本）或因部分调查项无法自行开展的话，可以考虑引入专业的第三方机构。

• 确定背景调查获得候选人的正式授权。在开展背调前，企业必须获得候选人的书面授权，由候选人签署一份背景调查授权书（纸质版或电子版均可），签署后企业方可正式开展相关调查，否则属于侵犯候选人个人隐私的行为。同时，根据背景调查范围最小化的原则，背景调查内容应与招聘岗位密切相关，不得收集超出招聘范畴以外的候选人其他个人信息。

• 明确背景调查的标准流程、信息模板、调查话术等。无论采用何种背景调查方式，目的都是在最短时间内（或用最简洁的方式）获得必要信息。因此提前设计好流程及相关话术有助于提高背景调查效率，尤其是对于一些常见应对措施的解决预案是非常有必要的，例如候选人原单位不配合、关键人员联系不上等。

• 明确背景调查信息的保密措施。由于背景调查涉及候选人的个人信息，原则上招聘管理者在获得相关信息后，不得向无关人员透露任何背景调查的内容。对于背景调查中存疑或异常的信息，应当在最小限度内进行复核或确认。对获得的背景调查报告应当妥善保存，必要时可设定密级存储在档案室。

【相关链接】背景调查表达技巧

在背景调查中，电话访谈是比较常见的方式。如果想要比较全面地了解候选人，电话访谈将会耗时较长。所以，在电话访谈中，除了必要的个人履历外，对候选人的能力考察项一般不建议过多。为了更高效地收集信息，通常我们的访谈会以总—分结构为主，并且尽量使用选择题或封闭式问题，必要时也可以使用开放式问题。一定要切记，招聘管理者关注的是结果，不要刨根问底式地问原因，也不要在电话访谈期间发表任何主观评价。

例如，招聘管理者以“请问您对张三的总体评价如何”这句作为引导句，先邀请访谈对象对候选人进行总体概括，然后对评价中的某些信息进一步提问。

1. 如果将绩效分为高、中、低三档，张三历年的绩效水平大致在什么水平？（对绩效结果的考察）

2. 您认为张三在职期间，对贵司作出贡献最大或最有价值的事情是什么？（业绩贡献评价，可以适当追问）

3. 张三在日常工作中是否愿意将他的工作经验分享给其他人？（团队协作能力、发展他人的能力）

4. 您认为张三在职期间是否比较注重专业研究或总结经验方法？是否有一些成果输出的内容？（学习能力、知识萃取能力）

5. 请问张三在处理跨部门沟通时是否会运用他的人际关系去更好地解决问题？（人际关系能力）

6. 您了解张三离职的真实原因吗？（离职原因）

其实，背景调查在实操中还有很多细节上的关键点，比如：

第一，候选人目前在职的话，在正式签署授权书前，招聘管理者要和候选人确认，对他目前在职单位进行背景调查的话是否方便，如候选人认为目前在职尚不方便，则招聘管理者需要和候选人声明，在正式Offer发放后追加一次背景调查，如候选人无法接受或无法通过追加的背景调查，则已经发放的Offer会作废，既照顾到候选人的实际情况，也最大限度降低候选人入职后的用工风险。

第二，对于背景调查过程中涉及的相关证明人或访谈对象，原则上要求是候选人直属上司，并且留原企业座机号码，在正式背景调查时通过原企业前台进行转接。因为留的联系方式是手机号码的话，很难判断是否真的是候选人的直属上司，对背景调查的效力可能会有影响。

第三，必须事先明确背景调查的重点。当在背景调查过程中发现某些线索存有疑点时，一定要继续调查下去直至疑点消失或证实的确有问题，因为任何细小的问题都会导致候选人入职后的风险成倍增加，如突然离职，候选人说是职业倦怠，但很有可能有其他原因。

第四，正式背景调查前做好充分的准备。在正式调查过程中，言简意赅地询问，有些问题如果对方真的不想直接回答，不必勉强，可以试着采用迂回战术，让访谈对象对某些事情、某些言辞或某些结果进行确认，也是有效的做法。

第五，对背景调查结果持谨慎态度。除了官方信源可证明的客观事项以外（如学信网上的学历、社保缴纳记录等），其他任何主观评价的信息，都尽可能要交叉验证。如果客观事项与候选人表述不符的，一定要与候选人做好沟通工作，让候选人有澄清的机会。

8.3　以终为始：人才决策的正确方式

招聘管理者是不是经常想，等这个岗位招好就可以休息一阵了？可惜的是，理想很丰满，现实太骨感。用人部门的需求可能始终在变化或难以满足，在他们看来，招聘是个挺简单的活，网上发个招聘需求就会有很多简历投过来，找人过来聊聊合适的话就完成了招聘。其实做过招聘的都知道，事实并非如此。招聘需要花费一定的时间，并且是个持续性的活，始终没有终点，就像那句话说的“忙过了这阵子，就可以接着忙下阵子了”。

如果要说最让招聘管理者们心塞的事情，不得不提到低效人才决策，明明是用人部门提出的招聘需求，却在人才决策时对候选人各种挑剔；明明是根据岗位人才标准选拔的候选人，用人部门却为候选人的期望薪资等问题而犹豫不决。正因如此，所以我们不难发现招聘周期拖得越长，参与人才决策的人越多，影响招聘评价效果的要素越细分，最终容易导致面试后的人才决策出现滞后。而这些不确定因素更是增加了招聘的难度，让很多优秀人才流失到其他公司。

如果想从根本上解决问题，首先要分析问题出现的根源。通常情况下，公司人才决策比较低效的主要原因，包括但不限于以下六种：

一是招聘流程模糊。有些公司未能制定明确的招聘流程，有时根据不同候选人的面试情况需要招聘管理者临时组建人才决策团队。相关领导对于人才决策流程不清楚或认为需要增加其他领导共同决策，这样就导致整个人才决策过程中需要花费大量的沟通成本，甚至有些岗位需要向董事会或上级集团汇报后才能作出最终决定。

二是面试官团队固化。每个面试环节都必须由指定人员负责面试，一旦面试官出现空缺，无法及时面试，按照招聘流程规定只能等待，短则几日，长则数周，直接影响招聘进度。

三是用人标准模糊不清。企业未能明确具体的任职要求，当需要人才决策时，面试官往往瞻前顾后，无法就最终的合适人选达成一致，甚至为此多次沟通而没有结果。

四是纠结候选人的薪酬水平。公司纠结于候选人开出的期望薪资较高，既要符合市场规律，满足候选人的要求，又要考虑公司内部平衡，和谐处理人际关系，以致久拖未决。

五是招聘审批流程漫长。最终面试结束后，从确定岗位级别到岗位薪酬，从面试评估统计到申请发出Offer，每个步骤都需要领导签字确认。

六是其他需要候选人配合的事项。当企业高层（或人才决策团队）对多位候选人陷入决策迟滞时，很可能会要求他们配合完成资料的补充提交，例如对应聘岗位的工作思路、计划、方案等，等书面材料收集完成后，再审核评估资料质量，最终作出人才决策。

如果公司出现以上情形之一，那么其招聘决策估计真的是非常低效。为此我们不得不进行进一步的原因分析，如果仅仅是因为招聘流程问题，这些还是比较容易改变的，解决的方法自然也是根据这些问题出现的根源来进行完善即可。但是我们经常遇到的问题并不只局限于招聘流程，而是基于企业核心人才价值观、用人理念、薪酬水平等多种因素集聚所导致的，人才决策环节只是将这些细微的问题集中呈现出来而已。所以，要想从根本上解决人才决策低效的问题，还是要秉承以终为始的决策理念，从招聘流程启动伊始，就确定人才标准与岗位价值、明确必要的招聘环节。同时，有条件的企业，可以积极推进招聘流程的数字化转型。

第一，完善岗位说明书，建立统一的人才评价标准及确定人才评价方式。由用人部门对招聘岗位提前制作岗位说明书，明确岗位职责与任职资格，从而对简历筛选、面试评估产生一套行之有效的评价标准，运用统一的人才评价方式，更容易让面试参与者对候选人进行评估。必要时，可采用评分法来确定几位优秀候选人之间的拟录用意向顺位。

第二，优化招聘面试流程，压缩面试轮次。通过对当前招聘流程的再设计，确定面试关键流程，减少不必要的面试环节。尽可能地减少候选人往返面试的频次，因为重复的面试环节，会让候选人对同样的问题重复多次回答，容易产生厌烦心理。明确不同面试轮次之间的侧重点，通过提升每轮面试的信息质量，实现面试信息收集的全覆盖与差异化。事实上，面试轮次的减少并不会影响最终的评价结果，反而会提升人才决策效率。

第三，明确关键面试节点，建立人才评价小组。公司内部建立人才评价小组，提前完成面试官培训，熟练掌握面试必要的理论知识与工具运用。每轮面试可设置多名面试官，当有个别面试官因故无法履行职责时，可由其他面试官代替。人才决策应当依据决策参与人员少而精的原则开展，每轮面试官在当轮结束时给出独立意见，避免因平衡人际关系而影响人才决策，人力资源部门或招聘管理者拥有建议权，最终决策由企业高管或用人部门作出。

第四，合理运用招聘工具，提升决策的有效性。有时候，公司人才决策迟疑不定的原因在于，整个招聘过程中只使用了面试这一种人才甄选方式。招聘管理者可以考虑根据招聘岗位的任职资格、专业分类、管理层级、年龄特点等多种招聘要素，引入多元化的人才甄选工具，例如无领导小组讨论、人才测评、专业笔试、评价中心技术、胜任力评价等，合理穿插在整个招聘流程中，起到人员筛选的作用，降低招聘成本，也有助于提升决策效率。

第五，加速数字化转型，加速人才录用决策。在日新月异的互联网时代，通过人力资源数字化转型必将增强企业的组织能力。目前，已经有部分公司通过人力资源数字化信息管理系统或公司内部OA办公系统实现客户端电子化审批，有些公司更通过App或小程序实现随手机移动审批，相关节点负责人可以随时随地在线完成审批事项，不用再等待纸质流程审批结束，这样明显有助于给予候选人录用回复的时间，赢得人才争夺战。

画重点

薪酬谈判和背景调查一般是人才决策前必须经过的两个环节。很多时候，招聘工作行百里而半九十的环节，都是在进行薪酬谈判或背景调查。招聘管理者要清楚，既然想要马儿跑得好，那就一定要让马儿吃到草，而且吃好草、吃饱草。但招聘管理者也要火眼金睛地识别人才，通过背景调查辨别优劣。

第九章 基业常青：校园招聘的价值体现

校园招聘是这些年比较热门的企业招聘渠道之一。受企业人工成本不断上涨、科学技术日新月异、企业人才发展理念革新等因素影响，通过校园招聘吸引众多优秀应届毕业生加入企业，成为一种新的人才招募趋势。随着越来越多的企业对校园招聘给予厚望，校园招聘的整体管理要求也正变得日趋完善。对招聘管理者而言，具备校园招聘策划能力，熟悉校园招聘运营流程，才能更好地匹配资源，完成校园招聘计划。

众所周知，每年秋季既是入学季，也是各大高等院校校园招聘季的开始。众多企业为了能够在第一时间招募到符合岗位需求且具有发展潜力的应届生毕业，可谓“八仙过海，各显神通”。传统的校园招聘会，已经无法满足现代企业人才招聘的需求，也无法满足应届生与企业的双向交流需求。作为招聘管理者，最为关注的是，如何通过校园招聘宣传企业的雇主品牌，从而“多快好省”地招到企业需要的优秀人才。另外，企业应当给予通过校园招聘渠道入职的应届生合适的文化土壤，建立和完善具有企业特色的校园招聘人才培养路径，有效控制应届生流失率，推进校园招聘评价机制。这也是招聘管理者必须关注的管理细节。想要落实这些具体的校园招聘目标，也需要积极推进一系列的管理举措。

部分招聘管理者对校园招聘感到既熟悉又陌生。说熟悉，是因为每年在春、秋两季都会到学校开展校园招聘活动，对整个招聘流程还是比较清晰的。说陌生，则是因为每年的校园招聘的最终效果，有时候不尽如人意，却也找不到原因所在。其实对招聘管理者而言，想要真正把校园招聘做到位，不是去校园摆个招聘摊，或是在网站上发布一些应届生招聘信息那么简单，优秀的校园招聘不仅是招聘的过程，更是企业雇主品牌推广的过程。所谓酒香不怕巷子深，但对校园招聘来说，既然是好酒，就一定要让大家都知道，要让人们闻着酒香寻味过来，这样的校园招聘才能发挥一定的影响力。所以，要想把校园招聘每个环节都做好，其实并不是那么轻松的。校园招聘最大的不变就是持续的变化。因此，想要通过校园招聘做到基业常青，招聘管理者的职责就是提前推测这些变化，及时掌握必要的信息，做好应对的准备。

有效校园招聘的九个关键步骤

很多企业都在谈论人才梯队建设，其中不可或缺的一定是青年人才的吸引与培养。尤其是一些规模企业的高管意识到，校园招聘相较于社会招聘，更能培养出企业所需要的人才，他们朝气蓬勃，也易于接受新鲜事物，他们创新能力较强，更容易推陈出新。可以说，校园招聘对企业而言也能充分发挥人才的“鲇鱼效应”。另外，很多企业的人才战略就是着眼于未来几十年的核心人才竞争，提前获取人才是提升市场竞争力的关键步骤。因此，校园招聘的关键作用之一就是能够从应届生中找到企业需要的优秀人才并提前进行布局。通常情况下，通过校园招聘引进的优秀人才分为两类方向培养：

管理培训生方向：顾名思义，管理培训生就是往管理者方向培养，一般通过3—5年的重点培养，就能成为企业的中层管理者、技术专家、核心骨干。通常被企业招聘成为管理培训生的都是应届生当中的佼佼者，他们不仅有较好的学习成绩、学生干部经历、知名企业实习经历等，往往还具有较好的培养潜力，甚至有些人在校期间已经获得各种知名竞赛的奖项、在核心期刊发表论文或已经拥有诸多专利技术。很多知名企业的高管都是从管理培训生做起，逐步成长为企业的领军人物。

基础事务型方向：校园招聘中的绝大部分应届生加入企业都是从基础事务性工作做起。这些岗位的工作内容相对比较容易上手，通常与应届生在校所学专业对口或与过往实习经历相符（相近）。这类应届生往往具有踏实肯干、性格乐观、积极进取的精神。他们愿意从最基层的岗位做起，逐步具备某些专业领域扎实的实践经验。

很多企业都想通过校园招聘找到符合企业要求的应届生，但是校园招聘通常需要专业的校园招聘团队，尤其是实施全国性、规模化、专业化的校园招聘，更是离不开招聘团队的分工协作和有效的招聘计划。目前，无论是现场校园宣讲会还是空中宣讲会[①]，都需要招聘团队付出大量的人力、物力和财力才能达到比较好的招聘效果。总体来说，校园招聘主要分为以下九个阶段（关键环节）：

第一个阶段：分析校园招聘需求阶段

在制订校园招聘计划前，第一步要做的就是精准分析校园招聘需求。通常情况下，校园招聘需求调研由人力资源部门负责，一般

① 空中宣讲会，是一种线上网络宣讲方式，适用于企业招聘和校园招聘，一般采用的是直播的形式。

在收集集团总部各部门及事业部的校园招聘岗位需求后，人力资源部门结合公司战略、经营业务发展目标、组织架构及岗位编制、人工成本总额、人才梯队建设计划、人才培养体系成熟度等要素综合评价后确定最终的校园招聘需求。

第二个阶段：组建校园招聘团队阶段

校园招聘能否取得预期效果，很大程度上取决于企业高管支持和用人部门配合。因此，当正式确立需要开展校园招聘后，企业首先需要做的就是组建校园招聘核心团队，其一般由领导小组和实施小组组成。

领导小组的负责人通常由企业高管担任，主要负责确定校园招聘计划的整体方向和目标，研究、分析、评估和讨论校园招聘过程中的重大事项，并作出最终决定。指导实施小组开展相关工作，必要时，领导小组协调相关校园招聘资源或出席重大活动。

实施小组一般由人力资源部门负责组建，由人力资源部门负责人担任组长。团队成员一般还包括面试官、校园招聘负责人、企业宣讲成员、人才测评专家等。实施小组主要负责制订校园招聘计划（包含招聘预算）、与目标院校就业办对接、落实校园招聘物料制作及采购、开展校园招聘前期宣传、招募和培训校园大使、实施面试官培训及考核、组织企业宣讲会、收集和筛选简历、实施人才测评、统筹校园招聘岗位面试、评估决策发放录用通知书等一系列校园招聘工作。从一定程度上来说，校园招聘核心团队的整体专业能力和协调沟通能力的高低，将直接影响校园招聘计划的实施情况，也将决定校园招聘的成功与否。

第三个阶段：目标院校选择阶段

想要物色到企业需要的优秀人才，就需要根据校园招聘需求有针对性地寻找目标院校和专业，甚至是在全国范围、全球范围内开展校园招聘。只有确定了目标院校，从源头上将目标人才进行锁定，才能确保所招聘到的人才质量。对于目标院校的选择，需要注意以下三点：

一是初步确定目标院校：根据校园招聘需求，分析岗位专业需求结构，确定专业分类。结合校园招聘预算情况，筛选符合专业分类要求的院校作为意向院校。同时也要考虑企业在行业的知名度和影响力。如果是行业知名企业、具有一定影响力、业务种类较多且分布于不同行政区域的，可以考虑全国范围内招聘；如果是当地的中小型企业，一般优先考虑当地学校。同时，要了解不同院校的专业设置情况，与岗位招聘需求进行匹配。

例如，房地产开发企业需要的工程管理岗，一般可以考虑到建筑“老八校”开展校园招聘活动，包括清华大学、东南大学、天津大学、同济大学、原哈尔滨建筑大学（已并入哈尔滨工业大学）、华南理工大学、原重庆建筑大学（已并入重庆大学）和西安建筑科技大学，这些院校的土木工程专业是比较知名的，相应的应届生质量会比较高。如果校园招聘预算比较宽裕的话，可以八大院校都跑一遍；反之，则可以选择离公司所在地较近的学校，或选择拥有土木工程专业（或近似专业）的当地其他院校。

二是实地拜访目标院校：对于期望在目标院校进行校园宣讲的企业，拜访意向院校是非常必要的一个环节。在拜访意向院校前，都会通过各种途径（如院校官方网站）了解相关老师的联系方式和办公地点。一般来说，院系老师对于相关专业的应届生情况更为熟悉，院校就业办老师对于整个学校的就业情况及当前的校园招聘开展情况比较了解。实施小组负责人通常先以电话形式与老师确定拜访时间（贸然拜访不礼貌也不确定老师是否在，容易落空）。在正式拜访前，还需要准备一些易于携带的企业宣传品。正式拜访时，主要需要了解：目标院校的整体校园招聘情况、竞争企业在该院校的校园招聘安排及岗位薪酬水平（非常重要！）、相关专业应届生数量、生源户籍地情况、就业意愿、意向考公考研人数、历年应届生就业情况、对企业校园招聘可配合事项等。对于需要开展校园宣讲会的院校，还需要实地了解场地情况，初步确定场地布置计划。

对于目标院校较远不便于实地拜访或仅参与目标院校综合招聘会或专场招聘会的，可以通过电话拜访，基本需要了解的事项和实地拜访的事项相同。

三是最终确定目标院校：结合目标院校拜访情况，实施小组应当对目标院校实施校园招聘的必要性进行充分论证。例如，院校老师的配合力度、相关专业的生源情况、竞争企业的负面影响等，最终确定是否要在目标院校开展校园招聘（或决定仅参加综合招聘会）。实施小组汇总所有目标院校的拜访数据，向领导小组进行专项汇报，由领导小组最终确定目标院校名录及校园招聘开展方式，实施小组结合领导小组意见，修改完善校园招聘计划。

第四个阶段：校园招聘准备阶段

在正式开展校园招聘前，实施小组需要结合目标院校拜访情况调整校园招聘策略。同时为了提升校园招聘宣讲效果，也需要对校园招聘前期宣传做好充足的准备。

一是制定校园招聘面试流程。确定校园招聘的面试轮次、每轮面试官构成、每轮面试间隔期限、每轮面试人数、每轮面试形式（线上或线下）、每轮面试晋级标准、每轮面试决策期限。对校园招聘面试流程的确定，总体上就可以预估在实施阶段整体的工作量及需要调配的资源，有助于实施小组提前做好相关的沟通协调工作，提升校园招聘的效率和效果。

二是确定人才胜任标准。确定校园招聘岗位的通用胜任能力标准，能明显区别管理培训生和基础事务型岗位的能力差异项。这些胜任能力评价标准将贯穿于整个校园招聘的过程中，通过识别应届生的胜任能力，从而确定哪些人可以成为管理培训生、哪些人可以引入成为负责基础事务的员工。胜任能力标准一般由实施小组对目前绩效优秀的往届生进行调研所获得。

三是开展面试官培训。校园招聘与社会招聘在面试环节本质上还是有很大差别的，对社会招聘有效的提问方式未必适用于校园招聘。因此，实施小组应当对参与校园招聘的面试官开展必要的培训。通过培训使面试官熟悉校园招聘面试流程、掌握必备的简历审阅技巧、面试提问及追问技巧、具备必要的面试官素养、企业校园招聘政策解答等。只有通过培训考核的面试官才能参与校园招聘。面试官的选拔一般遵循多元化原则，包括招聘管理者、用人部门负责人、人才测评专家、用人部门的分管领导、企业高管等，确保能多维度综合考察人才的胜任能力。

四是确定简历的接收形式。校园招聘通常采用网络申请和现场投递两种方式收集简历。随着互联网技术的普及，网络申请受到越来越多企业的青睐。一方面网络申请能提高简历筛选效率，另一方面很多公司采购第三方产品，在网络申请时可以同步完成相应的在线测试，便于后续选拔的应用。现场投递局限性较大，只适合在校园宣讲会现场进行收集，而且后续数据输入量和统计量较大（可能导致需要额外人员），正逐步被网络申请方式所替代。

五是测评工具的选择。在校园招聘中，测评工具的使用正越来越被企业所认同和接受。相对于传统的校园招聘，单人面试及无领导小组讨论占据了人才选拔环节很大的比重。但与此同时，招聘管理者也发现应届生对于面试套路熟稔于心，甚至还会反面试，这就导致单纯地依靠面试来选拔人才已经无法满足当前的需求。另外，对于应届生的潜能评估，尤其是对管理培训生管理潜能的评估，也是迫切需要解决的问题。所以，实施小组可以根据岗位招聘需求，前期对比市场上的相关测评工具，将测评工具融入校园招聘选拔环节。目前，多种测评工具组合使用正成为趋势，测评工具+专业笔试+无领导小组讨论+（半）结构化面试是比较常见的组合形式。前两项主要是起到了人才筛选的作用，而后两项主要是对面试人员胜任能力的现场考察，从而更好地识别人才，降低人才决策风险。

六是确定校园招聘实施顺序。对于需要在多个目标院校开展校园招聘的企业，应当提前了解各目标院校的综合招聘会或专场招聘会日期。对于需要开展校园宣讲会的目标院校，也应当及时与相关老师沟通获知可实施日期。实施小组汇总目标院校的校园招聘会日期，合理安排参与人员及出差日期。因为校园招聘对参与人员的体力和精力也是非常大的考验，所以，尽量在同一地区或同一城市安排时间相近的校园招聘活动，减少因多个城市往返导致的时间上的浪费，能让参与人员把更多的精力和时间放在面试和人才选拔环节。

七是校园招聘前期预热。校园宣讲会是企业在目标院校进行雇主品牌宣传的重要途径，也是提高应届生简历投递意愿的重要方式。因此，每场校园宣讲会到场人数是校园招聘实施效果非常重要的参考指标。为了确保每场校园宣讲会的到场人数，通常需要提前1—2周进行预热（宣传介绍），包括使用校园招聘合作供应商拥有的宣传渠道（例如企业校招专属主页、新媒体渠道、小程序、H5[①]、海报、横幅、易拉宝、桁架等）；也可以联系目标院系相关老师，通过老师在目标群体中进行广泛动员，也能取得不错的效果；另外，现在很多企业也会通过招募校园大使在目标群体中进行宣传（学校论坛、QQ群、班级微信群、宣传单页），可以实现校园招聘信息的精准投放。

八是校园招聘物料准备。想要提升校园招聘效果，物料支持是必不可少的。一般包括宣传物料（海报、横幅、H5、桁架、易拉宝、宣传单页等）、校园宣讲会物料［宣讲PPT、企业内刊、翻页器、便携式音箱、签到表、指示牌、工作证吊牌、校招文化衫、带有企业Logo的定制化物料（纪念品、饮用水、徽章、文具、卡通便利贴、纸质拎袋或无纺布袋等）］、面试物料（席卡、水笔、A4纸、面试评估表、面试记录表、燕尾夹）、文具物料（便利贴、订书机、订书钉、回形针、剪刀、马克笔）。如果校园宣讲会设置问答环节的，可以考虑采购一些礼品；设置无领导小组讨论的，可能需要准备摄像机或有闭路电视（摄像头）的会议室；选择目标院校阶梯教室的，不妨准备个微型扩音器。

九是制订校园招聘协调机制。实施小组需要专门安排负责与目标院校协调的工作人员，做好目标院校的关系维护，在校园招聘期间与目标院校老师保持紧密沟通，及时了解目标院校的校园招聘开展情况（尤其是竞争企业的相关招聘信息）、应届生的思想动态，掌握目标院校组织发起的相关活动计划。企业以校园招聘为契机与目标院校开展相关的校企合作项目，也是非常不错的方式，这有助于

① H5页面是采用HTML5前端技术设计的页面，也就是移动端页面。

加深与目标院校的合作关系，提升企业品牌知名度。

十是确定校园宣讲人选。校园宣讲会的核心自然是企业宣讲环节，宣讲人员的现场演讲技巧直接决定了招聘效果。因此，一般校园宣讲人选都是企业精挑细选的，需要经过必要的演讲培训。过去很多企业是由人力资源部门负责宣讲，也会邀请从目标院校毕业的企业在职员工分享成长经历。但最近几年，越来越多的企业高管亲自上台宣讲这种形式逐步流行起来。企业高管的宣讲通常充满激情与感染力，对于企业发展历程、未来愿景、企业文化等都能呈现出来，也体现出企业对于优秀人才的尊重和渴望，这样的校园宣讲会往往取得很好的效果。

第五个阶段：校园招聘实施阶段

校园宣讲会的召开无疑是整个校园招聘环节中的关键一环，也是向目标院校老师和学生展示企业实力和雇主品牌的良好机会。除了之前在目标院校的预热之外，校园宣讲会当天也需要对现场进行精心布置。校园宣讲会现场的井然有序也从侧面反映出企业的管理水平，因此有些活动细节需要招聘管理者关注到，具体如下。

一是提前安排好工作人员并进行培训。校园宣讲会现场一般人员比较多，所以需要现场安排一名总负责人，并且提前明确各工作人员的职责，如负责签到的、负责纪念品发放的、负责现场拍摄的、负责礼仪引导的、负责后勤物资的等，这样活动现场才能各司其职，不会显得杂乱无章。对所有参与校园宣讲会的工作人员进行培训，主要包括：商务礼仪、校园宣讲会流程、简历投递方式、招聘岗位类别及数量等基础知识，以便在校园宣讲会现场有学生提问时可以从容应对。

二是把握每次宣传企业和岗位的机会。校园宣讲会也是一次企业宣传会。在签到时发放纪念品，并且提醒袋内有宣传资料及招聘岗位信息。桌上也可以摆放企业内刊供学生自行取阅。在校园宣讲会正式开始前，循环播放企业宣传片或校园招聘专属宣传片。正式宣讲时，除介绍企业概况、招聘信息外，也可以就学生关心的问题，如发展空间、员工福利、培训体系等进行专项说明，突出企业以人为本的关怀及人才竞争优势。引导学生关注企业公众号或视频号（有条件的企业也可以建立校园招聘专属公众号及视频号），方便推送后续活动安排，也能提升企业品牌知名度。

三是明确简历投递方式和后续安排。校园宣讲会的最后一个环节一定是对今年校园招聘计划的宣讲。除了介绍企业招聘岗位的任职要求、就业城市、薪资待遇外，还需要阐述简历投递方式、面试通知方式、面试轮次、需要提前准备好的面试资料等大致安排。有时候学生也会现场提问，回答时要始终面带微笑、语言委婉，对于暂时无法回答的问题，可以记录下来再给予答复，切不可贸然回答，以免对学生造成误导或产生负面影响。

第六个阶段：人才初步筛选阶段

校园招聘的简历通常来自网络申请或现场收集，每年都可以收到一定数量的优质简历，知名企业每年会收到成千上万份应届生简历。如果实施小组收到的简历较多的话，就需要提升校园招聘简历的筛选效率，一般可以考虑以下两点：

一是硬性条件。包括目标院校、专业对口、GPA[①]排名、资格证

① 平均学分绩点（Grade Point Average，GPA）是以学分与绩点作为衡量学生学习的量与质的计算单位，以取得一定的学分和平均学分绩点作为毕业和获得学位的标准，实施多样的教育规格和较灵活的教学管理制度。

书、实习经历、薪资要求、期望工作地点等，可以帮助企业快速淘汰一批不符合条件的求职简历。

二是测试成绩。分批次向所有符合硬性条件应届生的电子邮箱发送测试链接，包括逻辑测试、心理测试、专业笔试等，并明确规定提交截止日期。对于未能按期完成或完成未达标的，均予以淘汰。通过测试考核的应届生，实施小组根据测试权重比例，按分数高低进行分类［如分为四类，A+（重点关注）、A（值得关注）、B+（良好）、B（普通）］。显而易见，A+和A类人才，是实施小组在面试环节和录用决策环节予以特别关注的重点人群。

实施小组邀请通过测试的应届生参与面试，既可以通过电子邮件邀约，也可以电话邀约，主要根据实施小组分工情况及邀约人数而定。如果是电子邮件邀约的话，可以在邮件中插入微信群二维码，邀请学生扫码进群，以便后续发送相关招聘进度及面试信息。在实践中，邀约面试也是学生主动放弃面试比较多的环节，对于有顾虑或意向动摇的学生，实施小组可以根据其人才分类采取相应的跟进措施。

第七个阶段：面试精准筛选阶段

面试是校园招聘中非常关键的环节，一直发挥着精准筛选人才的作用。不过这些年来，很多应届生通过网络学习、论坛沙龙、专家咨询、书籍自学等方式了解面试“套路”，对于面试开场时的自我介绍、无领导小组讨论、与面试官互动、展现优势能力、回避劣势等都熟稔于心。所以，招聘管理者也要表现出与时俱进的面试能力。

一是明确胜任能力。我们都知道胜任能力才是长久影响岗位的关键要素。在校园招聘过程中，绝大部分应届生所拥有的知识和技能差别不算很大。所以，招聘管理者需要关注的是应届生与招聘岗位的胜任能力匹配程度。比如，财务管理人员，在常规认知中，在性格方面相对要求比较耐心、沉稳；而对于研发技术人员，则需要能耐得住寂寞、愿意辛苦付出、自我价值认可度较高。胜任能力是需要在面试过程中通过有效提问和追问才能收集到的，这也就是参与校园招聘的面试官必须经过培训的重要原因。

二是挖掘培养潜力。个人发展潜力决定应届生是应当往管理培训生方向发展，还是往基础事务型方向发展。个人发展潜力并不是简单通过笔试来确定的，而是面试官在面试过程中逐步发掘出的，比如运用行为面试法提问，求职者在回答中表现出善于团队协作、勇于承担责任、坦然应对挫折、主动复盘经验等团队管理者所应具有的特质，那就具有作为管理培训生的培养可能性。考察维度一般包括：商业敏感度、成就导向、内在驱动力、问题分析与解决能力、领导魅力、利他精神、抗压能力、价值取向等，必要时，面试官可以结合求职者的心理测试报告等进行综合评价。

三是寻找性格优势。应届生对职场规则并不算熟悉，因此保留了比较多的个性特征。应届生的个性特性通常与地域文化、家庭背景、学习经历、专业特点有关。因此面试官不必苛求所有应届生的性格都趋于一致或相近，只要和企业价值观相符就可以。面试官要积极看待应届生的性格优势与招聘岗位的匹配程度，但也要能辨别性格中可能存在的风险，比如坚持和偏执就是硬币的两面，坚持使自己有明确的目标，有达到目标的途径，为了实现目标，会积极应对困难和灵活变通；偏执虽然也有明确目标，但往往沉溺于自我意识，不太考虑周围事物的变化，固执己见，不知变通。

因此，面试不可替代或者说不可或缺的原因之一，就是需要面试官在面试现场灵活运用面试技巧，用心去收集相关信息，对于模糊信息需要进一步确认，给予求职者充分的展示机会，让优秀人才脱颖而出。至于是否选择使用结构化面试方式，实施小组可以根据企业文化或面试习惯，在校园招聘计划中明确即可。

第八个阶段：录用决策及签约阶段

不同企业的校园招聘计划，根据校园招聘覆盖范围、校园招聘人数、校园招聘流程等因素，会持续几周甚至几个月的时间。考虑到很多其他校园招聘企业也会在第一时间争夺优秀人才，一般而言，对于已经通过企业层层选拔的应届生，应当尽快给予录用决策并且签约，充分体现企业在关键时刻的人才决断力。在录用决策和签约阶段，可能会遇到很多应届生迟疑不决或挑三拣四的情况，这个时候，招聘管理者要保证签约率的话，必须注意以下细节上的操作：

一是了解求职动机。应届生在最终决定入职一家企业前，往往是有比较清晰的目标的，可能是为了落户加分，也可能是看中企业的发展平台、晋升通道，也有可能是公司给出的工资待遇比较好，也不排除只是为了进大公司镀金。企业方最好能够了解这些理由。应届生离职率比较高的时间段，是加入公司的前3年。在这个时间段内，应届生如果能找到继续坚持下去的理由（也有可能是新的目标），那他们就不会离职；反之，就会毫不犹豫地选择离开。应届生的职业探索变化性和职业发展可能性都很大。真正了解他们的求职动机，至少能在一定程度上满足他们的需求（目标），让应届生入职后安心工作。

二是选择合适时机。给应届生发出Offer的时机是有讲究的。从整个校园招聘的时间节点来看，秋季校园招聘一般是从每年9月开始，但密集期通常在10—11月。如果企业在9月底10月初的时候就发Offer，虽然能尽快与优秀人才签约，避免夜长梦多，但也可能会导致应届生觉得过早签约会错失其他机会而拒绝Offer，或者是拿着Offer作为和其他公司谈判的筹码。如果面试结果到发放Offer间隔时间过长，则应届生可能觉得没有通过面试而选择其他公司，但好处是，企业能在所有候选人中选择认为最合适的人才，避免过早决策而提前招满岗位人数，后期却因应届生毁约而补招一批。因此，企业要根据整体校园招聘计划和实际校园招聘进展（简历数、面试数、意向录用数、岗位招聘到岗率等），综合评判发出Offer的最佳时机。

三是秉持宁缺毋滥的原则。有时候会遇到比较中意的应届生，但对方提出的条件可能暂时无法满足。遇到此类情况的话，招聘管理者首先要判断目前能提供的条件与对方要求之间的匹配度如何、主要的矛盾点是什么、是否需要突破招聘条件底线等。如果相差较大的话，建议招聘管理者放弃录用，因为相差较大往往意味着双方从一开始在某些方面的契合度就存在瑕疵，即便勉强答应了对方的条件，但后续为了挽留对方，也有可能存在更大的妥协，这样到头来还是会存在问题。如果一定要用，那可以考虑与对方签署特定协议来约定为企业服务一定的年限，降低企业的人才管理风险。如果相差较小的话，则可以考虑和对方深入沟通一下，看看除了底线不能突破外，有哪些之前没有提及但可以特别申请给予对方的，逐步缩小条件之间的差距，尽量找到这样的平衡点。另外，如果出现个别岗位没有招满的情况，招聘管理者要分析问题产生的原因，如果是本身岗位条件符合市场平均管理要求的话，那宁可岗位空缺也不必降低要求勉强录用，而是可以考虑拓展其他渠道、延长岗位招聘时间，等待合适的人选出现。

四是保持必要的沟通。一般来说，应届生接到企业Offer后，会与企业签署三方协议。如有应届生接到三方协议签署通知后仍有疑问需要咨询的，招聘管理者需礼貌耐心地解答。因为每位应届生有且仅有一份三方协议，因此在正式签署前，对于三方协议中需要填入的内容，招聘管理者应当详细检查，并就企业方需要填入的内容先向应届生详细说明，尤其是对违约金的金额设定，要着重说明通常是企业签约都需要明确的条款，也是对双方的一个就业性保障。在已详细说明双方权利义务的情况下，如果有应届生还对违约金问题犹豫不决的话，鼓励应届生坚定加入企业的信心，必要时也可以给予其一定的冷静期。

对于之前未录取，但仍有强烈意愿想加入企业的应届生，建议根据岗位实际招聘情况，结合对方之前的面试笔试资料，从而确定是否需要补充录用该应届生。如果存在意向岗位已满，但其他岗位有空缺的情况，可以询问该应届生是否愿意接受调剂。比如从管理培训生变更为基础事务型岗位录用，或者是职能岗位变更为业务岗位录用。这样的录用方式也是企业人尽其才的理念体现。

第九个阶段：项目复盘总结阶段

每年校园招聘全部结束以后，实施小组应当对校园招聘计划实施情况进行复盘总结。对招聘管理者而言，校园招聘复盘报告不仅是对上一阶段项目的总结，更可以据此制定下次的校园招聘策略。一份高价值的校园招聘复盘报告通常包含四个要素——有数据、有分析、有思考、有方案。

第一，对校园招聘整体情况展开复盘。想要对整体情况做复盘，数据是最为客观，也最具说服力的。关于校园招聘数据，我们既要关注招聘类数据，也要关注雇主品牌类数据，招聘类数据比如校园招聘渠道有效性评估，雇主品牌类数据则可以是每次校园招聘宣讲会到场人数、线上直播间浏览人数等；既要关注结果性数据，也要关注过程性数据，结果性数据可以是最终录用人数、三方协议签订量、招聘岗位到岗率等，过程性数据则是面试到面率、初试通过率、复试通过率等；既要关注数量型数据，也要关注质量型数据，数量型数据如目标院校的整体简历投递量、细分专业的简历投递量，质量型数据则包括录用人员中的学历结构、院校来源结构、年龄结构等。在项目总结中应明确，我们最终取得的校园招聘成果是否完成了预期招聘目标。必要时，也可以将不同目标院校的招录情况进行分类排名；同时，统计目标院校放弃签约数量，汇总放弃签约原因，分析放弃签约占总招录人数的比例。通过数据统计与分析，更直观和全面地了解校园招聘计划实施结果。

第二，加强对项目执行过程的持续改进。校园招聘不只是冷冰冰的数据，团队成员在校园招聘计划落地过程中，一定是凭借团队智慧解决了很多问题，这些问题经过经验萃取以后就是非常好的实施案例。比如，在校园招聘实施过程中，测评工具是否达到了预期的使用效果，有没有更好的评价维度或更有价值的评价结果；有哪些问题是计划时没有考虑进来的，当时是如何解决的，下次是否可以避免类似情况的发生，或再遇到同样（类似）的问题，我们有没有更好的解决方案；有哪些问题是预计之中的，但没有按照既定方案去解决，导致未能按既定方案执行的原因是什么，是否可以避免问题再次发生等诸如此类的复盘总结。正是有了这些生动鲜活的案例，才能让校园招聘实施团队的业绩更具有立体感。此外，实施小组还可以根据自身在校招的所见所闻所感，形成对Z时代新生群体的洞察记录，作为下次制订校园招聘计划时的参考资料。对项目进行总结思考未来如何更好地应对，才能持续改进工作方式方法，才能对经验教训引起重视、作出调整，这样的复盘总结更有价值和意义。

校园招聘计划的落地过程是碎片化的，而项目复盘报告有助于将这些碎片组成一幅全景图。正是基于精益求精的复盘，才能把校园招聘成果、数据分析结论、落地实施经验教训、团队成员心得感悟这些碎片化的信息更形象地呈现在领导小组面前，从而更好地获得领导小组的支持与肯定。项目复盘报告既包含对过去的洞察与深度理解，也是面向未来的思考与行动指南，这或许就是校园招聘复盘报告的价值所在。

画重点

校园招聘是一项周期性强、复杂度高的工作。对招聘管理者而言，校园招聘是对其招聘管理能力的综合考验。企业要想在校园招聘中物色到水平优秀、数量充足的人才，必然需要在校园招聘前期投入一定量的人力、物力和财力，组建强有力的领导小组与实施小组，发挥企业优秀的组织能力与落地执行能力，有组织、有计划、有方法地开展一系列校园招聘活动，这样才能真正让校园招聘成为企业人才队伍建设的重要一环。

下篇　探究招聘目标，搭建高效人才梯队

通常招聘管理者们谈论的“招聘”，泛指由于企业招聘需求而通过各种招聘渠道对内外部人才进行选拔任用的过程。因此，招聘其实可以分为“招募”和“聘用”两个环节。就企业人才梯队建设而言，不仅要招募人才，更需要关注到对人才的合理聘用。所谓优秀人才永远是相对的，合适才是关键所在。除对招聘体系的了解外，更需要掌握不同的招聘工具、方法、理念背后的管理逻辑，这样才能阶梯式专业递进，洞见招聘的目标。

第十章 | 研精覃思：招聘的价值与意义

在Vuca时代，什么都在快速改变，充满了越来越多的不确定性和模糊性。这也迫使招聘管理者不得不为了顺应这种变化，始终在不断地快速前行。或许正因如此，越来越多的人开始变得浮躁，害怕等待、害怕失去，有些人则变得更为焦虑。但当招聘管理者在感慨招聘难做的时候，实际上也恰恰反映出，招聘模块应当顺应时代的变化而发生一些改变。因此，明确招聘的价值与意义，是提升招聘管理者的绩效和影响其长远发展的重要因素。

做招聘一定是用数据和结果来说话的，但是只关注结果不关注过程的人力资源管理，往往容易出现本末倒置、流程失控等非正常情况。就像现在做人力资源的，可能80%都或多或少地接触过招聘。从最初的筛选简历、电话邀约到组织安排面试，所有的过程其实都是招聘，但只有这些还不够，因为这些只是招聘具体的执行细节，而我们现在却疏忽了对招聘的统筹规划，不了解招聘的价值与意义，只是在重复低附加值的事务性工作。

或许有些人会对统筹规划嗤之以鼻，觉得其是老板和领导的事情，我只负责招聘，我的考核指标中并没有这一条，只有招聘周期、空岗率、到岗率、招聘预算执行率等这些冷冰冰的数字。甚至一句

“一名成功的HR：98%是对人性的理解，2%才是专业”让多少人力资源管理者感慨，专业是多么的无足轻重，懂得职场的人情世故才是王道。可是，真正专业的人力资源管理者会告诉你，这话说反了，因为能帮你实现业绩的，正是你的专业能力，人情只是让你能更顺利地完成而已。如果从一开始方向就错了，你再努力，都只是徒劳。把人招到位并不是招聘工作的全部，而只是招聘实施的结果。

10.1 “人无远虑，必有近忧”，招聘亦是

在很多招聘管理者看来，现在招聘是越来越难做了。企业招不到合适的人，网上简历质量也不高，招聘渠道总感觉不够用，还经常觉得招聘始终是在当“救火”队员，不断应付业务部门的突发状况。久而久之，有些招聘管理者开始觉得招聘一直都是被高管和业务部门说重要，但实际不被重视的边缘职能。甚至觉得招聘做久了，都是在重复劳动，没有技术含量，更没有成就感，有时候会考虑转变职能或者索性转行。

如果遇到这样的问题，我们不妨想想，是什么导致招聘难做的局面。

不出意外的话，绝大部分的招聘管理者会将招聘难做的原因归咎于自身以外的原因，比如外部经济形势不好跳槽的少、公司招聘岗位薪酬不高、公司位置比较偏远不好招、公司品牌小不具有吸引力、公司管理流程混乱等，真正能谈及招聘管理者自身问题的往往很少，这其实很能说明问题。如果招聘管理者看到了问题却仍由着问题继续产生负面影响，那招聘管理的价值的确很难得到重视。虽然很多问题的确也不是招聘管理者就能解决的，但重要的是招聘管

理者为了改善这种局面尽了多少努力。目前绝大部分存在问题的现状是，不能一味地将招聘价值低的原因归咎于公司，但也不得不从招聘管理者的专业能力上找原因。如果招聘管理者缺乏战略性前瞻性思维，只会按照既定流程或经验习惯执行，那谈论招聘价值的提升就是虚无缥缈的。招聘管理不可能从执行上获得更多的价值，只有从战略战术上获得更多提升才有可能。

那关于招聘，围绕企业战略战术到底还有哪些能做的呢？

这样的疑问，我相信招聘管理者都会经常思考，但不一定都想得明白。其实，招聘的内涵很广，我们之所以只关注“把人招到位”这个问题，是因为我们往往被绩效指标牵着走，只是聚焦眼前最紧迫的任务，却忽视了更长远和更系统性的问题。我们的视野和格局限制了我们探索问题真相的可能性，而具备战略视野恰恰应当是优秀招聘管理者所必备的管理能力之一。从企业的角度来说，最理想的状态肯定是能在最合适的时机招聘到最合适的人。但如果脱离了前期有效的人力资源规划，脱离了人才梯队建设和人才储备的铺垫，想要实现战略性的招聘管理就绝非立刻能完成的。我们容易陷入的恶性循环在于将招聘职能局限在招聘实施部分，关注招聘岗位数量和招聘人员数量，对于招聘质量的关注度仍不高；在意招聘到岗情况，而非人岗匹配度。这些都让我们始终被动地进行招聘，缺少战略性、前瞻性、科学性、系统性的招聘规划，更没有实现主动出击。

比如，说到招聘简历的来源，如果还是固守着被动的网络投递、期待着猎头推荐，那真的落伍了。在互联网时代，人才的稀缺性越发明显，招聘管理者不得不站在更为前瞻性的角度去主动物色候选人，有一个概念是“像猎头一样做招聘”，就是让招聘管理者具备类似猎头的人才寻访能力。包括最近几年很多招聘类文章都提及的“内部推荐”“社交招聘”，也是不错的人才供给渠道，还有“抖音招聘”“新媒体招聘”，如果真的都能有效落地，也能大大地降低人才招募成本、提高招募成功概率。这些都值得招聘管理者去探究。

另外，根据企业的战略目标，进行战略性的人才布局也是招聘必须面对的问题，年度人才盘点、年度人力资源供求预测都是不错的管理工具，也是现在越来越多的大中型企业开始关注到的新话题。也有一些小微企业及创业公司开始探索招聘职能外包等新型管理模式，这样能最大限度地降低招聘管理成本。并且我们发现，与传统的粗放型管理不同，精细化的招聘管理更聚焦在候选人本身的能力素质上，更讲究与战略的匹配性，更关注与企业文化等软环境的适应性，更推崇通过人才测评进行潜力/能力评估。这些都是招聘管理者所能提供的高附加值岗位贡献，还不包括招聘预算控制、招聘渠道优化、招聘供应商年度评估、年度招聘复盘等常规工作。

我们之所以觉得招聘职能的存在感较低，就是因为很多时候对招聘职能存在片面认知，对其缺少深度理解。如果只是刻意地想要追求结果，真的做起来才发现，好像缺少必要的资源。有时候，我们之所以在招聘过程中存在焦虑，很大程度上是由于对未知的恐惧，这种恐惧让我们失去了理性思考，或者说只是想着要解决当下面临的问题，最终却发现问题此起彼伏，总是疲于奔命。当时过境迁以后再来回忆，如果我们能在每个招聘环节中都努力做到最好，是不是就能避免类似问题的发生？是否能在已经明知的问题上运用招聘专业知识去不断地改进和完善——即便无法彻底解决，至少能最大限度地让问题得到缓解，或者更趋向于一个好的结果。以问题解决为导向的招聘管理者，才是真正将专业知识灵活应用于实践的高手。

我们无法杜绝每一个可能影响到企业发展的因素，也不能未卜先知很多不可预测的事情。不过我们应当深信，“人无远虑，必有近忧”，只有将自身的专业知识夯实，才能发现问题、提出问题、分析问题、解决问题，让招聘管理更好地助力企业更快、更好地发展，这才是招聘管理者能行稳致远的关键要素，也是让招聘价值得到体现的重要载体。

10.2 “外来的和尚好念经”对招聘的启示

每次谈到“招聘”这个词的时候，作为招聘管理者，你的第一反应是什么？是习以为常的日常操作？是一个单纯人力资源专业术语，还是认为又是一次专业价值得到体现的好机会？可能对绝大部分招聘管理者而言，“招聘”往往意味着实实在在的岗位实操，要按照流程展开新一轮的岗位招聘，要花费很多精力在不断地筛选简历、安排面试等事务性工作上面，这样的场景对你而言是否很熟悉？

有句话说“外来的和尚好念经”，招聘管理者对此耳熟能详。之所以一提到岗位招聘就想到从外部渠道引进人才，我觉得很多时候还是因为很多企业觉得外部人才比内部人才要优秀，外部人才在某些领域可能具备企业战略所需要的特定能力或优势资源，这些可能会是企业在制订招聘计划时所要考虑的问题。导致这种情况的因素有很多，如果真的是内部人才不胜任岗位要求而不得不通过外部招聘的话，当然是无可厚非的。不过重点在于，假如所有岗位都是通过外部招聘，或者说绝大部分是外部招聘的话，我们是否思考过，为什么我们会放弃招聘成本较低的内部招聘而选择成本较高的外部招聘呢？这种思维定式也是影响招聘效果的重要因素。

我们在学习人力资源招聘专业课的时候，与招聘相匹配的是“配置”，简单地说，就是要把合适的人放到合适的岗位上，“配置”这个概念很容易被我们忽略。正因如此，所以在进行人才招聘的同时，要考虑到如何配置人才，这就需要我们对人才的基本情况有更多的了解。相较于外部人才，内部人才在岗位配置方面更具有优势。实际上，虽然我们都了解内外部招聘的优劣势，可在实际工作中，内部招聘的使用频率明显低于外部招聘。很多时候，内部招聘仅仅是“内部推荐”“仅限内部员工开放招聘”等简历获取方式的代名词，所以员工也会觉得如果与自己无关的话（自己胜任不了也无人可以推荐），就不会给予较多的关注。招聘管理者如果习惯于使用外部招聘渠道，一般对内部招聘就只会当作辅助手段。这样的操作往往会导致错失很多优秀员工，其实遇到岗位增补的情况，招聘管理者不妨这样思考：

首先，员工职业发展通道是否畅通？绝大部分员工渴望在公司内部获得更为广阔的发展空间，传统的I字形晋升通道明显不符合时代的需求。现在更多企业建立的员工职业发展通道是Y字形、T字形或者π字形，真正让内部员工获得多种晋升路径。因此，想要真正盘活内部人力资源，激活内部人才活力，这是非常关键的一步，从顶层设计层面保障内部招聘的有效性，从而让员工的职业发展路径更为多元化。只有在这种情况下，才能为员工创造出更多的职业发展可能。这种创造性的设计并非因人设岗，因为岗位的确是基于企业发展需求所设立的，并且符合岗位胜任要求的对象不具有明确的指向性。当员工职业发展通道建立以后，基本上能确保员工根据个人发展计划匹配到相应的发展路径，提供数量较多、质量较高、具有成长性的内部岗位，使员工在组织内部获得更多职业发展机会。

当然，在未建立员工职业发展通道的企业，虽然也可以通过诸如内部竞聘等方式开展内部招聘工作，但狭窄的晋升通道或者滞后的人才梯队建设水平，势必让部分优秀的员工不得不选择离开，企业会为此流失优秀人才转而通过外部招聘的模式来补充缺员，只能说这是迫不得已的决定。

其次，招聘岗位的真实需求是否清晰？当出现招聘需求时，招聘管理者的第一反应不是直接满足用人部门的需求，因为很多时候用人部门的所谓招聘需求只是解决某些表面问题甚至只是淡化某些问题的途径，比如业绩不理想、团队不稳定等。招聘管理者需要向用人部门明确招聘的岗位是新增岗位还是替补岗位。如果是新增岗位，则由用人部门提供新增岗位的岗位说明书，招聘管理者通过对岗位说明书中岗位职责与任职资格的分析，并且与用人部门负责人或用人部门分管领导沟通，了解新增岗位的设立初衷、设立目的、岗位预期绩效、与当前其他岗位的差别、关键岗位胜任能力、其他招聘特定要求（如行业经验、管理经验、研发成果）等，从而更好地理解招聘需求。如果是替补岗位，则相对比较简单，了解岗位替补原因（如原岗位员工晋升、平调、降职、离职等），根据现有的岗位说明书或历史招聘记录，就可以掌握相关的招聘信息。可以说，招聘管理者对招聘需求的深入了解将非常有助于后期招聘实施工作的开展，有时候甚至应当否决不具有合理性的招聘需求，这样才能确保所有的招聘需求都是基于公司战略或业务发展的需求。

再次，匹配的招聘渠道是否理想？基于不同的招聘理由、不同的岗位职级、不同的离职原因等多种因素影响，招聘管理者应当对招聘岗位适用的招聘渠道有专业判断。比如，为了满足企业新兴战略或业务板块、岗位职级较高的新增岗位，以此快速进入行业赛道、获得更具优势的行业资源，一般适合外部招聘渠道，如高端猎头（或企业内部猎聘小组），这样能更精准地匹配到合适的优秀人才。假如说只是新增或替补中基层管理者岗位，企业也已经有较为成熟的制度规范流程，则可以考虑以内部招聘形式进行岗位填补，或者选择较为理想的外部网络招聘渠道，优先级顺序建议为：直接晋升>内部竞聘>仅向内部员工开放招聘>内部推荐>外部网络招聘渠道。这样排序的核心配置思想是让优秀的员工获得更好的发展平台，让潜力员工获得更好的机会，让内部员工得到更好的发展。同时，内部员工更熟悉组织内部运作规范，如果结合组织内部的人才盘点等工具，将会更清楚候选人是否具有良好的胜任能力。通过内部招聘形式使企业内部优秀人才感受到发展机会和被重视，激发工作热情和潜力。招聘管理者接下来要做的是，让优秀的人脱颖而出。

最后，人才梯队建设名单是否具备？人才梯队建设的关键在于每个梯队都有合适的、足量的储备人才（也可称为“接班人计划”），因此，当出现适合内部招聘的岗位时，招聘管理者应当与用人部门负责人确定合适人选的来源。这个时候如果组织内部有一份详细的梯队建设名单，就会非常有助于通过内部渠道进行人才补给。比如，对于可直接晋升填补岗位空缺的，在梯队建设名单中已经明确有合适的接班人，招聘管理部门应当按照企业晋升管理办法对拟晋升人选任职条件进行综合评估，完成相关晋升审批手续。除此以外的其他内部招聘方式，例如竞聘或内部推荐，需要按照制度规定及操作流程按部就班地组织实施，招聘管理部门需要对报名人员进行必要的资格审核，从而确保所有候选人都能符合岗位任职要求，必要时，招聘管理部门可对候选人提前进行笔试或人才测评，作为进入下一轮选拔的前置要求。

10.3　没有章法和沉淀的招聘只能疲于奔命

经常有招聘管理者感慨，招聘真的很累，总感觉在不断地招聘或者是在和用人部门沟通，而网上的求职者也越来越挑剔、越来越难搞定。尤其是企业大量岗位空缺或批量需要人员的时候，简直可以用“疲于奔命”来形容日常的工作状态。虽然很努力，但是依然感觉力不从心，在有限的招聘预算中，总是期望把招聘能做得更为出色，但无奈的是，很多时候做的都是高强度、低效率的重复劳动，比如仅仅在招聘需求的沟通上，往往就需要不断地和用人部门调整和确认，甚至需要在面试了很多求职者后，用人部门才知道对岗位的真实需求是什么、想要解决什么问题、对于候选人有怎样具体的要求。这些艰辛，从来不会在招聘管理者的KPI中体现，但是又极大地影响着KPI的完成。如果我们没有分析疲于奔命的主要原因，那将始终无法有效解决问题。其实，从一定程度上说，疲于奔命的主要原因来自招聘体系顶层设计的缺失，次要原因是企业文化的影响或内部沟通机制的不畅。

或许我们都希望能通过建立招聘体系来使日常招聘工作更为顺畅，但事实是，永远没有完美的招聘体系。招聘体系一定是在企业经营管理过程中进行动态调整的。招聘体系只是招聘管理落地呈现的最终方式，包含用人理念、人才标准、制度规范、信息收集、审批权限等一系列招聘理念与管理控制行为。如果不能系统性地解决问题，那么类似的问题必然会重复出现。所有的招聘流程必然只是阶段性的，其通常会受到企业战略变革、组织架构调整、管理模式变更等因素的影响而发生变化。招聘体系如果也能随着企业发展而同步更新，始终保持最匹配的状态，那招聘管理者就必然会保持较强的专业水平与较高的业务支撑力。近些年，招聘体系建设的关注度获得明显提升，这说明系统性的招聘体系正得到越来越多的关注。随着招聘体系的动态变化，其能满足企业在不同经营战略或发展阶段的变化需求，而这也是招聘体系足以支撑企业发展的必备条件。

从招聘体系建立和完善的角度出发，反观我们日常招聘工作的得失，其实很多时候的重复劳动来源于我们并不依赖于制度、流程、规范本身，习以为常的经验主义和松散的企业管理水平，让招聘管理在很多时候沦为一句空话。不可否认，有些招聘管理者具有丰富的实战经验，但这种实战经验往往是基于特定行业或特定企业文化而言的。那么，当外部环境发生变化，或者所处行业和企业文化发生变化时，曾经的那些经验或许并不能完全胜任新岗位的要求。曾经我也和很多同行聊到招聘管理者未来该何去何从这样的话题，也看到有部分人转行。其实，想要把招聘做好，经验很重要，但更为关键的是要把经验进行提炼和总结，沉淀成为一种方法论。很多时候，我们不缺解决问题的能力，而是缺少解决问题必要的经验，在将招聘经验转化为方法论，并且将能力要点进行梳理以后，或许你会发现，眼前遇到的事情并非想象中那么复杂。

比如，大家都在说招聘很难做。为什么难做？因为候选人不好找。为什么不好找？有各种各样的原因。那在这些原因中，我们要分析哪些问题是可以解决的，哪些问题是暂时没有办法解决或者说招聘职能没有办法解决的，然后找到新的问题解决思路。如果你作为招聘管理者，是不是认为分析到这里就结束了？事实上，距离答案还有一段距离。因为你还可以参考以下信息。第一，离职原因分析。从企业近几年的离职员工中分析，是不是有部分原因与当时入职时的期望不匹配，例如工作环境、薪资报酬等，这些原因可能同样也是招聘时其他求职者的关注点。第二，在职员工访谈。我们可以考虑以非正式沟通方式与在职员工访谈，了解他们愿意留下来的主要原因是什么，如工作稳定、交通方便等，这些原因是我们在做招聘时可以特别突出的优势。第三，内部晋升比例。对当前不同层级管理者（或专业技术序列专家）进行盘点，掌握内部员工的晋升比例，结合离职率，进而分析离职员工中曾获得内部晋升的比例，从而确定类似岗位是社会招聘更稳定还是内部晋升更稳定。类似的数据分析方式其实都是在长期招聘工作中积累的经验。招聘管理者不能只停留在遇到招聘难点只分析表象的阶段，更需要深入地了解表象之后深层的企业管理问题及为了满足招聘需要可利用的企业优势。

又如，我们或许会发现，有些通过外部招聘渠道引进的候选人，在招聘面试环节感觉什么都好，但真的进入公司后却又好像有点“水土不服”，入职后的表现达不到预期要求。从表象上看，可能是企业文化适应问题、管理方式问题，也可能是工作能力问题，当然这里面有很多原因都可能导致岗位不胜任这个结果。但这些分析结果大多数主观性比较强，而且大多数时候会将主要原因归咎于员工本身，从而进一步得出一个结论：招聘部门没有招到合适的人员。然后招聘管理者就莫名地为这个事情背锅了。当然，我们要分析员工岗位不胜任这个事情，就人力资源管理而言，有诸多环节可以证明事实或进行必要的管理，不过就招聘而言，我们深思一下，在招聘环节是否提前做了风险预测？通常情况下我们都是以面试官综合评估意见或用人部门意见为依据，但面试本身就是一个非常主观的管理过程。如果我们要想做入职风险评估，最理想的肯定是基于岗位胜任能力做人才测评。“人才测评”这个词虽然招聘管理者们不陌生，但未必都实践过。因此，想要让招聘职能做得更专业，在积累一定经验的基础上，运用测评工具提高对候选人的风险判断，也不失为一种突破，并且这样的突破往往更有助于体现招聘管理的价值。

招聘有没有章法，看招聘体系；招聘有没有沉淀，看管理工具的运用。有时候影响候选人拒绝接受Offer的理由，很可能就在于招聘体系本身。正如我们经常提到的如何提升候选人面试体验感，在快节奏的现代职场，谁都渴望能得到更多的关注与尊重，而这些，作为专业的招聘管理者，我们应当有意识地去不断积累、沉淀，深度挖掘职业价值。

10.4 招聘的极致是探究组织使命与人的价值

招聘只是人力资源管理中的一个基础职能。对招聘职能的理解将影响招聘效果。招聘管理者可以围绕招聘岗位KPI开展一系列的工作，但是如果招聘管理者不能理解招聘岗位的意义及背后的管理逻辑，那只能说是熟练的操作者。正如随着时代的变化，越来越多的人工智能企业开始推出AI面试官，处理基础信息和作出相对科学的决策。这方面我丝毫不怀疑AI面试官的能力，毕竟单纯从“面试经验”来说，它们都是经过专业数据处理的，能力远远高于我们人类，但是我也不认为AI面试官在短时间内会替代大部分的招聘管理者。一方面由于AI技术目前还无法在大部分公司普及，无论是技术成熟度还是资金投入度，所以招聘管理者不需要为此有很大的压迫感。另一方面，AI面试官无法真实感受到面试者现场或线上的那些深层的心理变化状态和真实需求的表达方式。最重要的是，招聘管理者对组织战略、使命、愿景等价值观的理解，将在整个招聘过程中非常明显地体现在与面试者的互动环节中，这样的招聘体验才是真正意义上人类社会互动的理想过程，而非冷冰冰的人机互动或数据分析处理流程。

因此，当我们回顾招聘管理者职能的时候，必须清楚地意识到招聘职能的战略意义，将合适的人引进组织内部，并且为了组织目标而共同努力。招聘的本质是探究组织使命与人的价值。招聘管理者对组织使命的理解将很大程度上决定整个组织团队未来的状态。绝大部分的创业企业的老板重视招聘的原因之一就是将面试者视为合作伙伴，而非简单的雇佣工人。人才盘点不适合小微企业的主要原因就是老板对所有员工的情况都了如指掌。同样，当组织发展到一定阶段后，识人、相人的职能由老板授权给组织发展部门或人力资源部门，那么招聘管理者就必须站在老板的角度去审视面试者的匹配程度，至少是那些关键岗位、核心岗位、骨干岗位的人员招募，能判断组织在何种发展阶段或处于何种环境中必须具备的人才类型、人才数量与人才质量，只有这样才能保证组织始终处于良好的运营状态。如果招聘管理者不能认识到这一点，那么招聘职能很大程度上将缺失一部分对面试者深入了解的过程和结果。只有正确地理解组织使命，才能寻找到志同道合的合作伙伴，这将是未来时代变化中，招聘职能必须面对的现实。未来，越来越多的年轻人将更加强调个体需求与企业发展之间的平衡与协调，员工个体思想与组织使命之间的契合很大程度上将决定双方的合作关系是否能愉快建立并维持相当长的时间。员工不再是以简单的求职者的身份加入公司，而是对组织有更高的期待。这也就意味着，如果能尽快熟悉并且掌握新时代下必要的招聘理念，才能赢得更理想的招聘结果。这是一个变化的时代，也是一个对招聘管理者提出新要求的时代。

我们基于此可以发现，人才价值是基于完整个体综合评价的结果，这与传统的岗位任职资格更偏向于冰山以上的显性要素不同，真正激发人才潜在价值的必定是冰山以下深层次的隐藏要素，比如人才的内驱力要素将影响企业在激励方式与职业发展路径上的设计。因此，通过招聘选拔人才，就是科学、理性地了解每个个体具有独特性的一面。所谓的物以类聚、人以群分，其本质上就是具有相同特质的人之间天然地具有某种吸引力，比如工作细致的领导在挑选下属时也会看重细致这个特质。同样，企业在招聘人才时，也会具有某些独特的要求，这种要求并不一定是以成文形式所展现出来，更多的可能是约定俗成或习以为常的价值标准，面试官在招聘选拔时往往会刻意地去考察求职者某些方面的特质。我们也可以将这种选择理解为组织主动与求职者进行价值匹配。组织所具有的这种天然优势或者说主动优势，让其能够在众多的求职者中挑选出与组织使命、愿景、价值观匹配的求职者。人才价值只有在合适的组织内部才能真正地得到体现。组织在选择人才时，其实也在被人才选择。

人才是核心竞争力的关键，就是在于组织能否找到人才、用好人才、留住人才，而这一切的重要前提就是能否发现人才、识别人才，这才是招聘管理者的价值所在。

画重点

作为招聘管理者，在Vuca时代，不要抱怨、不要气馁，即便在最艰难的环境中，我们依然要保持乐观，坚定信念。真正能让招聘做出特色，体现招聘价值的，一定是源于招聘管理者对招聘的持续付出。没有任何一种成功是偶然的，也没有任何一种失败是注定的，所谓的痛苦，只是你在承受着这个时代所赋予你的责任与使命。虽然这个时代变化太快，但也无须因此感到焦虑，唯有不忘初心的坚持与专注，才能真正实现最初的梦想。

第十一章 | 业精于勤：面试技巧的自我修炼

有时候感觉，招聘面试做久了，就会更用心地去了解求职者的真实想法。不同的求职者背后都有不一样的故事，也就造成了他们在求职时候的动机和表现不一样，面试官可以运用正确的方法去收集面试信息，通过推理和判断能有效降低人才决策的风险。虽然很多企业都在运用人才测评工具甄选人才，但求职者说的有些话，甚至是细微的举动，其实比测评报告更值得面试官揣摩。正因如此，当面试官在面试时，即使微笑，但内心依然需要不断调整面试策略，必要的面试技巧将更有助于招聘管理者提升人才决策能力。

我们应当承认，大部分人都是趋利避害的，当面对陌生人询问的时候，大多数人具有防备心理。面试的时候，求职者害怕回答不到点上失去就业机会，所以需要通过某些掩饰来协助他们更好地表现。试问，在这样的情境下，面试官真的能有效获得想要的信息吗？

真正的诉求一定是源于内心最真实的想法，面试官期望通过结构化面试获取这类信息有时候是很难实现的。正因为彼此都在努力揣摩对方的心理（求职者想知道面试官想听什么，或者如何才能规避求职短板；面试官想知道求职者的真实回答，并且辨别求职者的虚假信息/片面信息），这就造成了招聘面试的博弈。招聘面试的过程可能会运用到不少心理学技巧，但这也不会要求所有的面试官都具有心理学技能，因此没有一种可能会让求职者完全放弃博弈心理，无论这种博弈是基于何种需求。因此，对很多经验丰富的面试官而言，他们会极力营造让求职者达到心理舒适区的氛围，在这种环境下，更容易获得信息，但如果想要获得更精确的信息，则需要不断地实践与总结。

11.1 不要迷信任何面试技巧

现在每次看到很多课程都在谈论招聘面试技巧的时候，我都会想起自己十多年前刚入行时的情景。那时候我的面试技巧很差，几乎没有系统性学习过，心中始终觉得面试是一门非常专业的技术，在短时间内也无法通过实践完全掌握其精髓。因为相信“相由心生”这句话，因此一度买了很多看面相的书来学习，为的就是想真正了解和我面对面坐着的求职者是怎样的人。当然，我也会运用结构化面试、无领导小组讨论、行为面试等科学方法，但我依然无法断定，这个求职者就是公司想要的。

随着自媒体的兴起，网上能看到越来越多的专业文章。现在好多专业网站上关于提高面试技巧的帖子中会建议询问求职者在选择跳槽的时候，对公司有什么偏好，对团队有什么要求，喜欢与怎样的上司相处等相关求职意愿与动机的问题，但是你会发现另外一些帖子又告诉求职者如何应对面试官提出这些问题的所谓“标准答案”，颇有些“以子之矛，攻子之盾”的感觉，明明知道这些已经成为面试的套路，但是依然会有很多求职者和面试官在追捧。其实本质上还是由于很多面试官缺乏必要的面试技巧，只能单纯地依靠学习一些话术来填补面试知识和经验的不足，但碎片化的学习只能学到形而很难理解解意。话术背后的逻辑，或者说通过收集信息来填补既定的信息缺口，才是面试的意义所在。

而且有些人认为，面试其实是求职者与面试官之间的一种博弈。在面试中，作为面试官也许会用到一些博弈技巧，但请注意，任何人才都希望被客观评价，这些让人引以为傲的技巧，无论评价结果如何，都影响人才对加入公司的意愿，或许也正是阻碍企业吸引到优秀人才的原因。而我们要做的，就是正确评估人才的公允价值，组建更优秀的团队。我们要正确看待博弈，相信每个人都在追求属于自己的利益，只要正确地对待，都应当是值得肯定和鼓励的。每个人在渴望成为对弈的赢家，但博弈并非只有非输即赢的零和博弈，要想真正在面试过程中赢得胜利，注定最好的结局就是双赢（非零和博弈）。

因此，面试官在面试过程中，主要聚焦在获取关键信息。面试官必须提前熟悉求职者的基本情况（通过简历、求职登记表等途径），根据现场实际情况灵活运用某些技巧，而不是运用所谓的“面试技巧”去显摆专业性。比如，有些人看了一些压力面试的文章，觉得非常符合自己的性格特点或管理风格，或者觉得非常符合自己的面试习惯，就利用面试官的优势地位，在面试过程中经常对求职者进行打压，美其名曰压力面试。笔者就曾陪同业务部门面试工程技术岗位，业务部门负责人是位资深的技术专家，所有的专业代入问题他都以压制性的气势问到求职者哑口无言。笔者就看着求职者从面试开始时的自信变为结束时的失落。面试官的心理优势或许可以在一定程度上让求职者重新审视自己的定位，不要高估自己的能力，但同时也容易造成求职者产生心理上的压抑，因为并不是所有的求职者都适合应用压力面试。

作为面试官，有时候面对优秀人才的确很难取舍，但求职者的意愿和能力是否与岗位匹配却是我们首先要考虑的事情。因此，求职者无意识掩盖的某些胜任缺陷往往是我们尤为需要考察的，这就需要我们能敏锐地感觉到求职者只言片语的表述，在面试过程中，有时候不经意的一句话或许也会收集到决定录用决策的关键信息。非正式提问一般都是穿插在较为正式的提问之后，相对而言，求职者会更为真诚地去回答问题。比如，让我印象深刻的一次面试是面试总经理助理。这个岗位的特殊性在于要陪伴总经理出席一些社交场合。求职者整体来说都很符合要求，如专业能力、形象外表等，虽然在刚开始面试的时候，求职者表现出一定的紧张和拘束，但能感受到其一直在努力表现出加入公司的强烈意愿。随着面试的进行，我们的沟通相对更为顺畅，因此求职者也表现得比较自然。当我们进一步问到其平时社交情况时，求职者的表述是："平时比较喜欢在家看书、听音乐，但如果有朋友约的话，对出门活动也不排斥。"为了进一步确认其性格特点，我们又追问了一句："从你之前的职业经历来看都是做行政类工作的，主要原因是什么呢？"求职者的表述是："行政类工作虽然比较琐碎，但是大多是按照公司流程来执行的，我喜欢这种按部就班的感觉，没有太多的变化，做起来比较踏实。"基于求职者对这两个问题的回答，那我们当时的判断就是这个人其实还是比较内敛的，对社交并不热衷，更喜欢在熟人圈子内活动，陌生场合表现可能会有欠缺，所以最终只能作为备选人才。

优秀人才来之不易。招聘就是物色适合组织需要的人才。因此，我们应当冷静看待心理优势，无论人才之前的背景如何，我们只是选择人才本身拥有的某些特质。其实我们都需要学会“不拘一格降人才”。

我们需要成就自己，无论这种成就是以何种形式存在，但首先我们要能成就他人。正是在这种价值观的引导下，我们才能对求职者的优劣势进行正确的评估，更冷静、客观地看待求职者与岗位的匹配性。做招聘面试的，并不是简单地与人才进行沟通，直接给出求职者录用与否的决定，而是能站在更高的视角去选择与公司共同成长的伙伴，将面试中的博弈演绎为互相成就未来的契机。这样的结果，何尝不是面试官所应当追寻的本源呢？

11.2 善用企业价值观选拔优秀人才

优秀人才是每个组织都期望得到的，作为招聘面试官，总想着找到最合适的求职者。因此，我们在制定面试标准时，采用了很多评价标准，如学历、经验、专业、行业背景等，而我们通过面试，总是在努力挖掘求职者的这些胜任特质，来最终评价求职者是否符合录用标准。但是对人才的衡量标准不应只局限于显性部分，团队成员的重要衡量标准之一，是团队所有人是否都具有相同的目标与价值观。个体能力的显性差异可以通过后天进行弥补（例如团队成员之间的能力互补或成员个体的能力提升），但所谓江山易改本性难移，团队成员既有的价值观如果无法与团队匹配，那么很容易导致后期很多问题的产生，团队之间的协作更是无从谈起，因此，对人才价值观的考察显得尤为重要。

在正式面试前，通过基于企业“价值观”的面试问题设计能清楚地了解求职者优先考虑的是否与公司目标一致，在工作环境中求职者优先选择什么和放弃什么，什么才是他们在工作中的内在动力等。比如，如果在招聘过程中谈到员工的忠诚度，可能很多面试官会联想到求职者之前每段工作经历的长短。但是所谓的忠诚度，并不能这样简单地理解，更要考虑求职者在任期内为前公司作出的贡献。

又如，我们会按照惯例询问求职者离职的原因，而大家都知道其实离职的真实原因是很难得到验证的。因此，我们需要进行交叉验证，即通过其他问题来佐证求职者的回答在多大程度上与真相是相符的。例如，当我们在考量求职者求职动机的时候（比如怎样的公司性质，怎样的团队氛围，怎样的领导风格，怎样的发展平台等），其实求职者给出的很可能就是你想要听的答案，因为求职动机往往源于之前未满足的需求。

另外，我们可以考虑换个方式询问，让求职者在开放式提问中回答问题，才能发现求职者与公司所倡导的价值观是否匹配。比如有些求职者一方面认为成功就是比其他人付出更多的努力，而另一方面却觉得应该好好享受周末，如果周末都需要加班工作或进修学习的话，那生活就太无趣了。也有的求职者一方面说更看重新公司能给予的职业发展平台，另一方面却对薪酬斤斤计较（跨行业跳槽，但不愿意接受降薪，必须与现薪酬总额基本持平）。从这些面试中的回答细节可以发现求职者深层的求职动机。

我们以一些常见的价值观来设计的部分面试问题具体如下：

诚信正直：

在工作中有自己的职业道德准则吗？能否举例？在什么情况下可以放弃？（追问）

在工作中，你有没有做过令自己内心感到不安的事情？能否说得具体一些？（追问）

团队协作：

你以前在完成一项工作时，有没有遇到过来自其他人员的阻力？你是怎么消除这种阻力的？请举一个例子。（追问）

你关心其他部门的经营状况吗？你通过什么方式和途径了解？你觉得了解这些有什么意义？还有吗？（追问）

责任担当：

描述一次迄今为止你认为最失败的团队项目。你认为失败的主要原因是什么？（追问）

你用哪些标准衡量自己或者团队是否取得成功？你觉得如果再来一次，还有哪些地方可以改善？（追问）

平衡压力：

你对于平衡生活和工作这个问题是怎么看的？你是如何实现你说的那些？（追问）

当你工作压力特别大的时候，一般会如何释放压力？（追问）

成就来源：

在怎样的情况下，你觉得才能算享受到了事业上的满足感？能举个具体例子吗？（追问）

你是怎样定义成功这个词的？你觉得你成功过吗？（追问）

当我们在招聘面试中运用这些面试问题，重新审视价值观这个问题时，就会发现，真正影响招聘效果的关键因素之一，就是善用价值观来选拔人才。匹配的价值观让求职者更乐意接受Offer，并能保证按时报到。甚至运用行为面试法，对此类问题进行深入探究，可以更清晰地了解求职者的回答是否存在隐瞒、虚构、夸大等问题，从而帮助面试官更好地收集足够的面试信息。

一般情况下，我们会首先确认公司提倡的价值观，然后定义每个价值观如何转化为工作行为。行为和情境问题有助于招聘管理者了解求职者是否在工作中表现出理想的行为。但在实践中，我们会发现，每个部门或每个领导都可能拥有独一无二的价值取向。虽然这种价值取向无损于公司利益（例如，一个销售团队很可能重视稳定的顾客服务态度，而工程团队可能会优先考虑创新），但原则上，我们优先选用核心价值观来选拔求职者，因为这种选拔更具有典型性和通用性。当然，在具体的面试设计过程中，我们珍视用人部门或小团队的价值特性，可以适当加入一些非典型性问题，调整问题提问顺序，以便帮助用人部门更好地区分求职者之间的差别。

对于求职者的回答（答案），作为面试官，首先应当表示尊重，每个人都有独特的价值观，这点无可厚非。面试官最好将基于价值观的面试问题与基于岗位任职要求的问题结合起来，对面试过程进行详细记录。这样，能更全面地对求职者进行评估，促进形成更客观的招聘决策。与此同时，对于以下求职者的表现，我们要足够重视：

第一，对自己的论点缺乏有力的佐证。

在面试过程中，大多数求职者会声称自己是“卓越的团队领导者”，或者“坚守职业道德底线”。但是，如果他们无法举例证明这些价值观，那么他们可能只是用情感上的语言来打动你。

第二，价值观与职位要求明显不符。

价值观所表现出的行为描述明显与应聘岗位存在差距，无论这种差距多大，都有可能引发员工入职后将不利因素放大，他们往往更倾向于坚守自己固有的价值体系，所以，基于价值观的选拔，更倾向于先天符合，而非后天培养。

第三，试探和迎合面试官的偏好。

只有与公司价值观相符的人才可能真正成为团队的中流砥柱。

我们与其煞费苦心地去宣扬企业文化，试图改变员工的信念，不如在招聘的时候多花点时间，认真倾听求职者内心最真实的想法。但有些求职者深谙面试之道，往往会在面试中采用面试策略，试探面试官对某些观点的偏好，从而迎合这种偏好采取相应的回答，进而获得工作机会。面对此类求职者，面试官一定要谨慎。

需要特别提及的是，基于“价值观”的面试评估并不是单独存在的，而是包含在整个面试中的一环。只是很多企业在面试环节疏忽了对这部分的考察。我们需要满怀信心地去寻找合适的求职者，基于价值观的选拔，让面试官远离那些表里不一的“伪人才”，降低招聘录用的风险。

11.3　胜任力模型在行为面试中的应用

在日常招聘实践中，我们都遇到过类似的情况：一直在寻找合适的求职者，但无论求职者在面试中给予怎样肯定的承诺，面试官却始终在担心求职者是否会真如面试时所表现的那样完全胜任岗位要求。这里所指的胜任，不仅包含冰山之上的知识、技能这些显性匹配，更包含动机、价值观、性格、自我定位等冰山以下的隐性匹配。

我们都知道，胜任力模型冰山以上部分，对高绩效来说是必要的，但不是充分的，恰恰冰山以下部分才是员工高绩效的保证和重要驱动因素。因此，胜任力模型决定了员工与企业是否在重要行为取向上保持一致，这也是招聘面试环节中必须考虑的关键要素，直接影响人才决策的风险。如果求职者的胜任力隐性要素与岗位不匹配，其带来的管理风险则是不可估量的，尤其是中高层管理者，在胜任力隐性要素的匹配上，显得尤为重要。另外，在招聘面试环节，招聘者和求职者都在互相选择。在一定程度上，选择与岗位胜任力模型匹配的求职者，更能激发求职者潜在的动机，促使求职者成为高绩效员工，而从基于胜任力模型的面试来说，更能有效降低因错误录用而导致的用工风险，这点也是专业面试官所应具备的洞察能力。

但不可否认，无论如何设定面试评价标准，面试总归是带有一定的主观性的，因为是人最终作出的决策，客观的只是数据、信息、测评结果等。目前，大部分的面试评价标准都是属于淘汰制的，比如求职者不符合条件A，条件B也未达标等，从而帮助我们快速筛选出所谓“合适”的求职者。但我们在短短的几十分钟内就能了解求职者那些深藏的、内隐的岗位胜任力要素吗？估计很难，我们大部分选择的评价标准都是基于冰山以上部分建立的，而我们过分相信了所谓的标准就是合适的。因此，很多公司开始在具备客观条件的基础上，选择用胜任力模型来选拔优秀人才。那究竟有多少个胜任力标准能用来衡量求职者？可能每家公司都有自己的一套招聘规范。不过冷静思考一下就会发现，我们的面试问题和筛选简历的核心标准可能并不一致，我们之所以在面试上花费大量的时间，更主要的是考量求职者潜在的特质。通过了解求职者的行为模式，进而对照未来的岗位胜任要求，从而确定他们能否帮助企业解决存在的难题。

但我们也都知道，意愿在很大程度上决定行为，即便求职者之前的业绩非常优秀，但如果与岗位胜任力不匹配，依然无法做出应有的绩效。所以，从这个角度出发，在面试过程中，我们也要考虑求职者行为模式与岗位胜任力的匹配度。岗位胜任力的评估是从人才的深层价值上判断其是否能胜任岗位要求并且在岗位上表现更胜人一筹。因此，在面试过程中，我们不妨运用胜任力模型的有关概念。

比较常见的方式是，将岗位胜任力的某一词条进行解析，分解成为若干与岗位胜任力相关的具体行为，根据求职者所表述的行为，来证明求职者符合某一词条上的对应等级。我以管理岗位胜任力中较为常见的“发展下属”举例，因为每个企业对该胜任能力的解释不尽相同，所以关于词条解析，大家可以参考所在企业的需求进行定义，我只是对拆解行为进行描述。

发展下属的常见行为可以包括但不限于：

- 了解下属的职业优势，并能够让下属在日常工作中充分发挥；
- 清晰下属的能力边界，当下属遇到工作阻力时能及时给予支持；
- 鼓励下属的好奇心与进取心，在下属遇到阻力时给予必要的辅导；
- 与下属制定工作目标，根据工作任务和场景不同，赋予他们必要的权限；
- 创造允许下属犯错和尝试的安全环境，及时纠正下属的不良习惯；
- 当指派新任务给下属时，与下属共同确认工作步骤，给予必要指导；
- 经常与下属一起回顾任务完成情况，帮助下属更好地改进工作方式方法。

当然，每家企业对“发展下属”的理解会有差别，我们可以在面试前确认想要考察的岗位胜任能力，然后清楚地列明行为标准，在面试过程中，以开放式的问题询问求职者：“您日常是如何进行团队管理的？”“您在发展下属方面有什么心得可以分享吗？”“您一般是如何帮助下属成长的？”等。当求职者围绕问题开始阐述后，面试官可以根据STAR法则要求求职者还原某个真实案例，从而证明他们的岗位胜任能力。

这样基于胜任力模型的行为面试可以在一定程度上帮助面试官更好地了解求职者的某些特质，但是单纯使用行为事件访谈法（Behavioral Event Interview，BEI）面试并不适合基层员工，因为他们大多从事的是事务性工作，往往表述的是比较琐碎和细节的工作内容。对于高层管理者，招聘管理者需要根据面试轮次和面试官身份来决定是否建议在面试过程中采用此类方法，因为对高层管理者的考察往往更侧重于其对内外部环境的宏观分析能力、战略决策能力、商业敏感度等胜任能力，单纯地采用BEI面试未必能得到面试官想要的信息。

需要特别说明的是，胜任力模型并不是BEI面试的必备条件，没有建立胜任力模型的企业，招聘管理者可以考虑在面试前与用人部门负责人沟通该岗位的关键胜任能力或胜任行为/经验，以便于在面试过程中对候选人进行有针对性的考察。

11.4　摆脱无效提问，了解提问背后的关键逻辑

可能很多HR都知道“结构化面试”，学过“STAR面试技巧”。作为面试官，和候选人交流时，我们需要深谙提问的逻辑，掌握提问的主动权。

不过这些都只能算是基本功。因为当你真的坐在会议室里组织一场面试的时候会发现：并不是所有候选人都会按照你预设好的逻辑/路径回答问题。越是职级高的岗位，这种预设的面试题库往往越发挥不了效果。

实际上，面试主动权并不是说作为面试官要很强势或滔滔不绝

地阐述观点，而是能形成有效的提问清单，摆脱无效提问，让面试问题更聚焦，引导候选人尽可能多地陈述信息，从而为作出面试决策提供依据。作为面试官，一定要懂得如何设计面试问题并从中找到真相，从而作出正确的人才决策，这才是面试的精髓。通过下面5个常见的问题分析问题背后的逻辑。

第一个问题：如何才能知道候选人和哪类领导更搭？

在企业日常招聘岗位中，绝大部分是为部门领导招聘下属。招聘者都知道，大部分职场人会因为梦想加入公司，却会因为直属领导离职，所以候选人与其领导（直属上司）是否合拍，将在很大程度上影响到候选人的稳定性，也影响到业务的正常开展。

那么，如果想要了解候选人对领导风格的偏好，面试官会运用这样的提问方式：

“在你的工作经历中，你与哪位领导共事得最好，为什么？”

“你心目中理想型的领导风格是什么样的？”

“你期望你未来的领导应用怎样的领导风格与你相处？”

这几个问题，第一个其实属于送分题，因为绝大多数候选人会对那位领导进行正面描述（如善于激励、和蔼可亲、做事公平等）。

第二个与第三个问题，看似在挖掘候选人的偏好，但实际上，在询问领导风格型问题的时候，反而一定是具体的、可衡量的、可评价的。

因为心理学上有个巴纳姆效应，就是指当人们用一些笼统的、含混不清、广泛的形容词来描述一个人的时候，人们往往很容易就接受这些描述，并认为描述中所说的就是自己。因此，当面试官得到候选人回答的时候，往往很容易对号入座认为自己与那位部门领导具有较高的匹配度。

基于我的经验，我则会进行如下提问：

“在与你前任上司相处的过程中，哪件事情对你的影响最大？”

“请在30秒内说出你前任上司的3个优点和3个缺点。”

“你前任上司是否曾受到负面评价，对于那些负面评价内容，你是如何认为的？”

以上三个问题，主要是考察候选人在潜意识里对前任上司的评价标准或认可程度。对于候选人在陈述或评价过程中提到的关键词，面试官应当继续追问（比如第二个问题，可以挑1—2个优点或缺点，要求候选人用事实说明），从而更好地判断候选人的真实想法。

第二个问题：如何才能知道候选人是否适合团队氛围？

俗话说：“没有完美的个人，只有完美的团队。”现代企业尤为看重员工的团队合作性。尤其是在校园招聘的时候，作为初入职场的应届生，企业比较关注他们离开象牙塔，进入企业后的融合程度。

那么，遇到团队合作型问题，你会如何提问呢？

“你的团队合作能力如何？请详细说明一下。”

“你喜欢怎样的领导？喜欢怎样的团队氛围？”

“请你描述一下你过去所在团队的分工，及你是如何和其他人合作的？”

以上三个问题，可能是在招聘面试过程中经常被面试官用来了解候选人团队合作能力的。但是如果仔细推敲下你就会发现，除了第三个问题，以上两个问题对候选人而言，只要回答得比较积极向上、条理清晰、逻辑上说得过去，基本上不同人的回答大同小异。

那么同样对于团队合作型问题，可以在第三个问题的基础上进行适当改变，一般我会这么问候选人：

“请阐述在过去团队合作过程中，让你印象最深刻的一件事。”

“在过去的经历中，你是否与团队成员发生过意见分歧，最终是如何解决的？”

“在过去公司的团队合作过程中，哪件事情是你最不能接受或认可的？”

这三个问题表面上是应用了行为面试法，其实背后的逻辑在于了解候选人的团队合作价值观。因为大多数团队合作问题并不是出于个人利益，而是不同团队成员价值观之间的不同。

所以对于团队合作型问题，更多的是要了解候选人的团队合作观念是否与公司匹配。

第三个问题：如何才能探寻到候选人的真实求职动机？

忠诚是很多企业招聘官在面试过程中非常关注的点，从简历筛选开始，其实就对候选人的稳定性进行了考量（事实上，稳定性只能在一定程度上反映忠诚度）。在面试中，对于候选人忠诚度最好的提问类型就是求职动机，那么以下这些问题是否经常遇到过：

“你为什么选择我们公司？哪一点最吸引你？”

“你对我们公司了解吗？为什么会应聘这个岗位？”

“对于‘在工作和生活中寻求平衡’这句话，你是如何看待的？”

求职者对上面这些问题可能耳熟能详。就像鲁迅说的：“其实世上本没有路，走的人多了，也就成了路。”所谓的面试经验也就是被面试官问多了，自然而然就有了应对策略。

一般求职动机型问题，候选人都会认为是展现个人优势的好机会，夸企业优秀的同时也说明自己的选择是正确的。但从专业角度来看，如果绝大部分候选人说出了面试官心中的答案，那这个问题就没有意义。

相对比较理想的是，对于回答并不做提前设计或标准参考，比如以下问题可供大家参考：

原始问题："你现在求职最看重的要素是什么？请说出5个。"

先排序法："请对刚才说的5个要素按照重要程度进行排序。"

再剔除法："如果只能实现3个要素的话，你希望实现哪3个？"

再锚定法："如果暂时我们实现1个要素的话，你希望是哪个？"

在使用剔除法和锚定法的时候，需要面试官向候选人了解选择的具体理由，并且通过在整个面试过程中的交叉询问，来验证候选人真正的求职动机是否和陈述的一致。

还有另外几种提问方法，大家也可以参考：

"如果我现在告诉你，你应聘失败了，你能接受吗？"（正向了解抗压能力、求职意愿）

"你认为公司采取何种激励措施，对你最不具有吸引力？"（反向了解求职动机）

"对于你应聘的岗位你是如何理解的，哪项工作是你最不擅长的？"（正向了解自我认知）

对于求职动机型问题，面试官要根据期望考察的胜任能力提前设计，采用半结构化面试方式，从而更灵活地了解候选人的真实想法。

第四个问题：如何知道候选人对工作强度的接受程度？

现在公司业务范围及岗位工作量的提升，加班（出差）问题经常是对候选人是否能胜任高强度工作的考量之一。加班（出差）意愿型问题是我们在面试过程中经常会运用到，但也是经常用不好的提问类型。

比如，如果我们想知道候选人是否愿意接受加班（出差），你会怎么问？

如果你直接问"你是否能接受经常加班"，候选人回答你"是的，我可以接受”，那么你就真的觉得他愿意入职后接受加班（出差）吗？

我的经验会告诉我，那可不一定，这个候选人或许根本不愿意加班，只是急于找到一份工作。那么，对于是否能接受加班这个意愿型问题，该如何提问呢？

我一般更倾向于这样提问：

1.“对于加班这个问题，你怎么看？”

2.“你过去经常会加班吗？一般什么情况下会加班？”

3.“你过去的加班频率是怎样的？”

这几个问题的共同特点是“属于开放式问题”，而不是简单地要求候选人回答“是”或“不是”。并且这类问题属于典型地利用求职者的信息不对称，并不直接点出目前应聘的公司是否鼓励加班，而是让候选人表达意愿或对过去的行为进行表述，结合后续的问题追问，往往能获得比较真实的回答。当然，并不排除部分候选人会在回答意愿型问题时做出倾向于招聘官心中完美答案的可能性，这在实操过程中，也要结合前后问题的关联性以及候选人在回答问题过程中的表述进行分析。

第五个问题：如何判断员工入职后的工作稳定性？

候选人的稳定性是需要综合考虑外在行为和内在需求的。因此，对于候选人的求职动机（需求点）要做较为细致的询问。相对而言，物质需求是较为容易量化的，而精神需求则是难以在短时间内进行评估的，所以，在整个面试过程中，要充分运用面试技巧，收集候选人足够的语言信息，从而做出判断。

例如：

候选人表示与同学相比，现在职位和收入存在较大差距，且同学目前在大公司做得不错，平时联系频繁，有意招他过去。（建议：此类候选人往往存在较强的攀比心，或者刻意营造抢手局面以此增加薪酬谈判筹码，容易因为一些利益诱惑而放弃现在的职位。）

候选人表示不喜欢循规蹈矩的工作，喜欢新鲜、刺激的事物，年轻就该挑战自我，而不是随波逐流。（建议：此类候选人要么是眼高手低、好高骛远的，要么就是的确性格使然，所以传统的事务性工作不适合他们，且为了追求刺激容易跳槽，稳定性较差。）

候选人表示因为孩子上小学了，原先工作地点太远，现在主要考虑离家近，可以接受降职降薪，只要能有时间辅导孩子作业就好。（建议：如果新岗位需要经常加班或者经常出差的话，可能导致候选人不能接受而提出离职。）

总的来说，要想有效降低新员工的离职率，还是要从心出发。不仅需要站在招聘官的专业角度去评估候选人，也要站在候选人的角度反过来评估公司的资源条件。“强扭的瓜不甜，勉强来的候选人不稳”，即便“巧妇难为无米之炊”，也要对招聘决策慎之又慎。

毕竟，因为错误决策导致招聘成本浪费更得不偿失。

画重点

任何面试技巧都不是万能的，BEI面试法也不例外，最好的直觉判断也必然是经过多年的实践经验才能得出的。只有不断学习不同的面试技巧，并且在实践中灵活运用面试工具，对于求职者的回答才有可能在第一时间作出正确的判断和进行强有力的追问，面试信息收集与分析能力依靠的必然是日积月累的沉淀，最终实现从量变到质变的提升。

第十二章 | 举贤荐能：盘活组织内部人才

随着近几年人工成本的不断上升，从市场上招聘人才，招聘成本较高。尤其是当企业快速发展时，组织架构及岗位需要根据内外部环境变化及时调整。如果完全依赖于外部招聘，不仅招聘成本较高，而且招聘周期、招聘数量、招聘范围等诸多因素叠加，对招聘管理者而言，也是巨大的压力。因此，从企业内部员工中挖掘可用之才，会是比较好的选择。内部人才配置是企业人力资源体系建设的重要一环，其能有效地激发员工活力和员工潜力。

现在很多企业都会谈到人才供应链，它将人才管理与供应链管理进行融合，也是人才管理的一种新思路。在瞬息万变的商业环境中，人才供应链管理的确能帮助企业更好地去制定与落地执行人才管理政策，能更系统性地去思考如何让人才管理在企业的战略中发挥更好的作用。人才供应链能让企业高管及人力资源管理者意识到，传统的“选—用—育—留”是一种动态管理，人才管理是不断循环和持续改进的过程，当企业人才管理的目光，尤其是人才选拔的来源，不再仅局限于外部渠道，也会更加留意企业内部的优秀人才。人才供应链的管理首先需要着力于制度，保障实现顶层设计。古语说“兵马未动，粮草先行”，同样，人才管理的重要性和必要性几乎是所有高管和人力资源管理者都认同的，但真正想要落地执行，必须从制度规范层面进行明确，例如在制定招聘策略时，明确将内部供给列为人才供给的重要方式，出现岗位空缺时优先允许在职员工通过一定途径实现新岗位的调动。其次是落实及时有效的人才盘点。企业应当使用科学、规范、有效的管理工具定期对人力资源现状进行盘点，及时了解人力资源结构变化，了解后备人才的知识、技能掌握程度，建立相应的人才数据库。充分利用人才盘点结果，对人才梯队中的后备人才名单及时进行更新，尽可能确保后备人才队伍的相对稳定，能持续、稳定、高质量地实现内部人才供给。

12.1　忠诚与敬业完全是两个概念

现在很多企业在做招聘时，还是非常看重稳定性的，认为稳定性低的员工缺乏工作耐心，或者在专业能力、团队沟通、业绩达成等方面或多或少存在一些问题。其实，了解职业发展生涯规划的都知道，不同年龄所处的职业发展阶段是不同的，单纯地从一份工作做多久来考虑稳定性、忠诚度，是失之偏颇的。因为之前做招聘，看过不少简历，在筛选简历的时候，我会习惯性地看重工作经历。只是在看过那么多的简历，面试过很多求职者以后，我有种感触：每个人都会出于一些原因离职，无论主观或者客观，可能是专业能力不足，也或许是真的职场不顺利。但如果这个求职者目标明确，始终在朝着坚定的方向前进，他们或许缺少的只是展示其能力的舞台。

首先，我们要意识到，职场稳定性≠职业贡献度。

很多人认为，在一家企业连续工作三年以上，才能算相对稳定。

因为一年学，一年做，直到第三年才能用成果来检验前两年的工作是否有效。但随着互联网时代的到来，一切都在加速。过去需要我们几年才能学完的内容，现在可能都来不及等我们理解、消化，就已经用来实践了。当我们都在努力赶上时代步伐的时候，也该思考，如何才能满足组织快速发展的需求。因此，优秀的人才不会坐等时间的流逝，且无动于衷。而当稳定性成为招聘官衡量求职者是否具有忠诚度的时候，实际上可能进入了另一个误区，职业忠诚度与岗位贡献度并不一定呈正相关。

职场的稳定与企业的发展密切相关。部分互联网企业的兴起与倒闭，已经让一些求职者无所适从。当他们从传统行业勇敢地迈向互联网企业时，是意气风发、斗志昂扬的，但行业的残酷却不断地将还没有过创业期的企业直接淘汰出局。这就客观上造成求职者被动失业。另外，在激流勇进的大浪潮中，只争朝夕的精神让很多初创公司的人才经历了前所未有的项目考验。与其在企业稳定地混日子、熬资历，不如实实在在地为了理想而拼搏一次。相较于职场稳定性，更应该用职业贡献度来衡量优秀人才的价值，用业绩证明能力，用思维决定未来。这也正是我们企业创新所必需的持续推动力。

其次，我们可以通过职业生涯路径来辨别优秀人才。

面试的时候，相信很多面试官都会问求职者未来的职业发展计划。其实如果是经验丰富的招聘官，在筛选简历的时候就可以发现端倪，比较典型的就是螺旋式职业发展。很多求职者通过在大公司和小公司之间切换，完成了全模块学习和团队管理经验积累。从这个角度来说，如果求职者的经验的确是呈上升趋势的话，是值得面试的。

我就曾面试过一位应聘商场招商经理的求职者，其职业生涯从超市理货员做起，继而是便利店店长、超市店长、超市区域督导、大卖场招商主管、商场招商主管、商场招商经理。这期间，每次岗位变动都是跳槽一次，前后一共用了将近10年时间。虽然跳槽频繁，但其职业生涯路径清晰，在整个面试过程中，求职者对每段经历都如数家珍，即使是一些很关键的细节都能侃侃而谈，对商业管理也有比较独到的见解。

因此，招聘管理者有必要根据其职业经历进行预判，不能仅仅因为频繁跳槽而忽视人才的真正价值。适当的人才自由流动，反而有助于求职者接触更多的行业或公司，更能适应不同的企业文化。所以，对于简历尚可的求职者，不妨彼此多一次接触沟通的机会。

最后，过于稳定会抹杀持续成长性。

与频繁跳槽相对的则是过于稳定，在知识不断更新的时代，长期服务于一家公司，求职者反而容易被固有的习惯与思维束缚。正如我们在做职业生涯规划培训时经常说的，10年的经历不等于10年的经验。当所有的一切都已经顺理成章时，按照系统流程就可以完成，就像自动化流水线生产，对人的依赖性就会降低。所以，很多从大公司出来的求职者不能适应小企业的灵活应变。好的组织系统可以锻炼人，但从另一个角度来说，如果组织系统应用不当，则也可以抹杀人才的持续成长性。

真正能让人才发挥潜力，具备管理能力或提升专业能力的，一定是通过完成关键项目或关键行为来实现的。过于稳定的公司氛围，只是让求职者重复劳动，不一定产生高价值的绩效行为。我就遇到过一位求职者，自本科毕业就进一家企业连续服务16年，最终因为企业经营不善倒闭才出来重新就业，虽然之前公司已经给到其财务经理职位，但面试下来感觉专业水平只是介于出纳与会计之间，连最新的会计准则有哪些更新都回答不出，而薪资要求却明显高于应聘的财务主管同岗位市场水平。不得不说，正是追求工作稳定的心理让求职者过于满足现状而拒绝持续学习。因此，不能单单考量求职者的稳定性，而应该全面地了解其真实能力，否则反而是对人才价值的忽视。

也正因为这样，所以从人才配置的角度来说，很多员工在同一个岗位重复着相同的工作内容，未必就能真正成长为企业所需要的人才。对于具有潜力的员工，我们应当发现他们的优点并把他们放到更合适的岗位上进行锻炼，让员工的个人价值随着年龄、岗位的变化而不断提升；对企业而言，用活用好老员工也不失为一种降本增效的好办法。

12.2 内部推荐的孰是孰非

内部推荐是企业招聘常用的方式之一。内部推荐相较于社会招聘，在同等条件下，会让招聘管理部门更信赖自己员工推荐的求职者。一方面，内部推荐可以降低招聘成本，也可以在比较短的时间内找到合适人员；另一方面，内部推荐会让被推荐者提前熟悉公司情况因此有心理预期，也可以通过增加情感黏性确保人员稳定。但随之而来的负面影响也会有，比如裙带关系、非正式组织等，造成公司相应的管理成本提高（如沟通协调成本等）等。但无论是招聘管理部门还是用人部门，对于内部推荐都持比较赞同的态度，毕竟能比较有效地解决人手短缺问题（尤其是劳动密集型行业），这也是内部推荐得以在企业内部顺利实施的重要前提。

总的来说，我们在认真权衡内部推荐的利弊关系后就会发现，内部推荐还是利大于弊的。因此，我们在日常管理中不能因噎废食，完全弃用这个渠道，而应想着如何在企业规章制度上进行有效设计，才能取长补短，充分发挥内部推荐应有的作用。我们不妨在下面三个关键点上设置明确的管理要求。

如何才能尽可能地规避裙带关系？

内部推荐最为大家诟病的一定是裙带关系，其往往会延伸出很多其他管理问题。因此，我们本着“举贤不避亲”的原则，建立有效的内部推荐管理体系。原则上鼓励所有人都可以参与内部推荐，但有特殊情况的不宜推荐。包括：（1）招聘岗位为推荐人所在部门或管理条线的，推荐人不得推荐与自己有三代以内亲属关系的求职者；（2）招聘岗位与推荐人所在公司或部门有内部经营业务且产生经济往来的，推荐人不得推荐与自己有三代以内亲属关系的求职者；（3）招聘岗位对推荐人所在公司拥有监督、检查、审计、稽核等工作职责的，推荐人不得推荐与自己有三代以内亲属关系的求职者。

当然，根据行业特性及企业特点，招聘管理部门也可以额外设定其他要求，比如个别与推荐人拥有经济往来的岗位，除三代近亲属外，也不允许推荐老同事，避免产生误会。一般来讲，将推荐人与被推荐人配置在不同公司、不同部门、不同条线、没有利益关联的岗位上，滋生非正式组织的概率就会大大地下降。另外，内部推荐也是需要按照招聘流程完整走一遍，岗位要求一致、面试流程一致、录用标准一致。因此，将内部推荐管理体系运行好，就能最大限度地达到招聘目标，也能规避裙带关系的产生。

如何才能激励员工积极参与推荐？

企业采用内部推荐的招聘方式虽好，但如果员工对此并没有积极参与，那也依然无法达到好的招聘效果。有些公司的内部推荐通知、海报张贴很久都无人问津。如果摒除通知、海报没有被点开或浏览等因素，大多数原因在于以下五点：内部推荐是否设置奖金；内部推荐奖金额度是否有吸引力；内部推荐奖金兑现周期是否过长；内部推荐奖金兑现流程是否复杂；除内部推荐奖金外，是否还有其他激励。所以，要想员工积极参与内部推荐项目，必须让他们意识到并且真实感受到这个项目带给他们的好处。对于以上五个关注点，一般建议如下：

第一，设置内部推荐奖金。毕竟内部推荐并非员工的本职工作，也不是他们的岗位义务。我建议，应根据推荐岗位职级的不同设置不同的内推奖金。具体等级金额可以根据公司薪酬水平和招聘预算来确定，比如可以参考各层级员工平均工资水平后设定一个浮动百分比，过低可能没有吸引力，过高则可能导致整个预算费用大幅上升，最低标准就是让所有人看到招聘岗位后有内部推荐的冲动。

第二，分阶段支付内部推荐奖金。内部奖金的支付周期如果太长，就缺少了激励的及时性，所以可以考虑分为三个节点支付：第一个节点是获得推荐人推荐的简历符合岗位要求且被推荐人完成初试（从成本控制角度出发，可选择性设置在中层以上、难招岗位或专业技术岗位等）；第二个节点是被推荐人入职后；第三个节点是被推荐人试用期转正后。其中，第一个节点可获得象征性的奖励（单独设定奖励金额，一般额度较小），第二个节点和第三个节点分别获得推荐奖金总额的50%，以此鼓励大家踊跃推荐。

第三，简化内部推荐奖金领取流程。内部推荐奖金领取流程建议设置简化，便于推荐人领取，当然也可以采取定期集中发放的方式，也可以起到更为有效的激励作用。

第四，鼓励非物质激励。内部推荐也可以采取积分形式，累积足够的积分可以兑换企业内部礼品（如企业文化周边、企业产品、指定小礼品、培训课程等），也可以采取年度表彰或年度团建活动等。

如何避免推荐奖金发了，但被推荐人很快就离职了？

作为招聘管理者，要尽量避免这些事情的发生，毕竟入职后很快离职，大多数原因还是企业方面的问题占比较高，如领导风格、跨部门沟通等。一般，推荐人会对企业文化、管理制度、薪酬待遇等方面有所介绍，由于这方面因素导致的快速离职较少。所以，通过内部推荐渠道面试求职者时，招聘管理者需要花比较多的精力在求职者与岗位的匹配及与其直属领导/部门领导之间的匹配方面，这样才能降低新入职员工的离职率。

如果所在企业人员流动率比较大，不可避免地会发生此类事情，那么招聘管理者可以考虑将内部推荐奖金设置为一次性发放，即被推荐人转正后，推荐人方可获得推荐奖励。还可以规定，当发放内部推荐奖励时，要求推荐人与被推荐人均在职，这样从一定程度上促使推荐人在推荐时采取较为慎重的态度。

总之，无论企业选择采用什么样的招聘渠道，内部员工推荐这种方式都是不错的选择。招聘管理者要清晰地认识到这种方式在实践过程中可能存在的弊端，并不断地加以完善和改进，这样才能最大限度地发挥内部推荐的成效。

12.3 竞聘用得好，就能发挥“鲇鱼效应”

竞聘，即员工通过竞争获得岗位聘用的机会。现在很多企业在进行人才选拔时，往往会选择使用竞聘的方式来体现公平公正、择优录用的用人理念和良性的竞争氛围，并以此来激活企业的组织活力。在企业实践的过程中，内部竞聘不仅可以降低招聘成本，最重要的是，通过竞聘可以鼓励员工勇敢地展示自我价值，帮助组织发现和培养潜在人才，给予在职员工更多的职业发展机会，激发员工工作的主观能动性，提高员工的敬业度和满意度。适当的竞聘活动可以促进组织内部优秀人才的合理流动，提高岗位配置的合理性，降低资深员工和骨干员工离职率，营造“人岗相适、人事相宜”的良好用人氛围。

但是我们也发现，有些企业在运用竞聘机制时，存在比较多的问题。例如，过度使用，导致任何层级任何岗位都适用竞聘；频繁使用竞聘机制，管理者无法正常履行管理职责；缺乏考评标准且考评方式较为单一，竞聘流于形式；企业文化氛围不佳，员工对于竞聘持观望态度；招聘管理者缺乏相关经验，竞聘流程松散，未能录用到合适人选。这些问题的产生，总结起来就是由于企业在运用竞聘机制进行人才管理时，未能明确竞聘的应用环境、使用时机、对象范围、评估方法等竞聘实施规范，甚至因为竞聘导致部分优秀人才流失，这些都是非常可惜的。所以，正确地理解竞聘意义、设定科学规范的竞聘流程、深入理解竞聘的核心价值，才能充分发挥它的“鲇鱼效应”。

竞聘机制在招聘管理中的作用，要像“鲇鱼”那样使用得当才能发挥作用。

第一，竞聘时机很重要。一般在组织发生重大变革需要重新配置人员时，或当组织内部某些重要岗位出现空缺时，招聘管理者可以使用竞聘机制。如果频繁使用，反而会导致优秀人才对周围环境变化过于敏感，不利于人才的正常使用。

第二，竞聘岗位要慎重。一般企业的关键岗位适合内部竞聘，但职级太高的岗位不适合内部竞聘、职级太低的岗位也缺乏必要性。所以，竞聘岗位的选择既要符合企业业务发展需求，也要考虑到符合条件的员工职业发展预期，这样的双重考虑能增加员工参与竞聘的积极性。

第三，竞聘标准要明确。竞聘是为了择优，条件适当才能高效匹配到合适的潜在候选人，条件模糊就会花费大量时间筛选人才且最终很难进行人才决策。竞聘标准的建立在一定程度上也是让员工知道企业的用人理念及价值导向，即便是未能竞聘成功或者是未能参加竞聘的都能清楚地意识到与岗位胜任能力的差距。

第四，竞聘过程要公开。竞聘经常被诟病的原因之一就是过程不公开，所有竞聘候选人的表现只有少数人知晓，甚至员工觉得整个竞聘过程可能只是走个过场，这样非常不利于发挥竞聘的正面影响作用。因此，竞聘活动原则上建议公开举行，在企业内部招聘渠道公布竞聘日期、竞聘时间、竞聘地点、竞聘岗位、参与竞聘人员等信息，员工可自主选择现场参与，既是对竞聘候选人的直观了解，也是对竞聘工作的现场监督。

第五，竞聘结果要公示。在竞聘岗位较少或竞聘候选人较少的情况下，竞聘结果可考虑经竞聘小组数据统计后现场公布，这样可以增加竞聘的公信力。无论竞聘结果是否现场公布，原则上竞聘结果都要在第一时间进行公示，并且公布岗位拟聘用人员的基本信息，以便在正式录用前接受员工监督，增强竞聘的公正性和规范性。

竞聘的“鲇鱼效应”在很大程度上可以重新让组织内部现有的员工充满活力，平庸的组织会追求一团和气，但是追求市场竞争力的组织却始终依靠人才不断超越同行。很多优秀人才的离职是因为组织无法给到其足够的晋升空间，不甘碌碌无为才会选择更合适的平台。如果组织在人才梯队谋划过程中加强职业发展通道建设，让优秀人才凭借竞聘活动成功获得向上发展的机会，那么无疑在人才配置方面会取得卓有成效的进步。

所以，在企业内部要形成“相马更要赛马”的用人理念，为竞聘活动的实施营造良好的管理氛围，形成人才之间的良性竞争环境，在确保能岗匹配的同时确保员工的个人价值得到体现。招聘管理者一定要正向使用竞聘的激励因素，这样才能发挥竞聘的真正作用。

12.4 重视对人才盘点的结果运用

现在很多企业每年都会进行人才盘点，从而使企业对人才分布情况有进一步的了解，将人才盘点过程中发现的高潜力人才纳入继任者计划，甚至直接根据战略目标、经营策略做一些相应的人事变动。所以，人才盘点看起来只是对人的调整，是人力资源部门的管理任务，但其实是为企业可持续的高质量发展提供了合理、有效的岗位人才配置。人才盘点是企业战略性的管理举措，也可能是深刻影响企业未来生存和发展的关键要素。可以这样说，人才盘点对企业来说是一个非常好的组织发展管理工具，人力资源部门可以通过人才盘点梳理和建立卓有成效的人才管理项目。从招聘管理者的角度来看，将人才盘点结果直接作用于岗位配置上，真正地让优秀人才配置到合适岗位上，这是对招聘管理者洞察能力和专业能力的考验，也是岗位价值的重要体现。

一般来说，经过人才盘点工作，企业会根据绩效、潜力将在职干部员工分布在九宫格中，现在有些企业在分布时，也会将员工的个人职业发展意愿作为参考条件。通常高绩效、高潜力的员工在条件允许的情况下，会优先或尽快获得晋升，与此同时，相应的骨干员工名单也会得到更新，而低绩效、低潜力的员工可能会直接面临岗位优化或进行岗位调整。不同的企业对人才盘点结果的应用层面可能略有差异，但实际上对于员工调动的责任落实部门一般都归口于人力资源招聘配置职能。这点大抵相同。

招聘职能对人才盘点结果应用的重点在于：

一是清晰组织内部空缺岗位的分布情况。招聘管理者需要提前对组织内部的空缺岗位进行梳理和分类管理，这是岗位调动的前提。如果没有充足的内部岗位，那么员工可选择的面较窄或者暂时无法调整岗位，即便是调岗了，仍然可能无法发挥专业所长或者是无法胜任岗位要求。相对而言，一些大中型企业可能在岗位空缺方面的数量较多，员工可获调动的概率也大，而一些中小型企业的话则可选择的岗位较少，因此员工并不一定能及时实现晋升或岗位调动。原则上不因人设岗，这样不利于组织架构和岗位管理，员工确实优秀且需要立即有管理举措的，可以考虑竞聘上岗（即时效果）或轮岗见习（延时效果）。如果真的要新增岗位的，建议合理控制数量，并且处理好相关岗位的职责划分。

二是明确调动人员的能力优势与职业发展计划。虽然岗位调整看似无非是晋升、平调、降级等岗位重新配置流程，但本质上是根据员工能力重新进行评价的过程。根据人才盘点结果来调整岗位就是根据员工能力与绩效情况，将其安排到更为合适的岗位上。在岗位正式调整前，招聘管理者需要对拟调动员工的优势、劣势、职业发展目标有充分的了解，有些绩效优秀的员工并不一定愿意获得晋升，而有些绩效普通的员工则可能期望通过岗位轮换得到全面发展，这些都应当在人才盘点结果中有所体现。招聘管理者应当意识到，人才盘点是对员工未来发展可能性的一种评估，并非具有决定性的人才决策，员工的潜力、绩效再符合岗位要求，如果员工本身意愿不强，调动了反而容易导致员工敬业度下降，得不偿失。

三是完善继任者计划，更新继任者名单。岗位调动往往是连锁反应，上级公司与下级公司之间、部门与部门之间，通常会发生纵向和横向的人员流动，此时涉及人员调动的公司和部门就需要重新设定继任者名单，这需要招聘管理者参与到大量的内部沟通与协调工作中。继任者名单的更新，原则上以岗位胜任能力为依据，即便是新纳入名单的员工，只要岗位胜任能力更符合下一级岗位的要求，继任顺序就可以往前靠，避免出现论资排辈的情况，造成优秀人才的浪费。另外，对于继任者名单中未发生岗位调动的员工，按照“能者上、优者奖、庸者下、劣者汰”的用人导向，也需要根据人才盘点结果进行重新排序，确保继任者名单的合理流动，增强优秀人才的发展活力，以便未来及时获得晋升。

四是重新分析人才梯队结构，制定新的招聘策略。经过人才盘点更新继任者计划后，招聘管理者需要对整个人才梯队建设情况进行总结，及时就最新的继任者名单中所列员工基本信息进行归纳整理，进行必要的人才结构分析，包括人才数量（各层级岗位继任者数量）和人才质量两方面（继任者整体学历、年龄、职称、职业资格等）。同时，招聘管理者可以发现仍然存在岗位空缺或岗位继任者空缺情况，这些为后续招聘计划的制订提供了岗位需求，并且对招聘策略的制定有一定的影响。我们一般对于内部易于培养、易于供给的招聘岗位，建议先通过内部渠道招聘（不包含内部推荐），解决人才供给缺口，这样有助于提高员工积极性，并且能有效降低招聘成本，而对于具有战略性、创新性的岗位，建议通过外部招聘来实现岗位配置。结合企业人才需求规划，对于迫切需要填补空缺的关键岗位、核心岗位，及时做好相应的招聘计划，快速满足人才供给需要。

画重点

盘活组织内部人才是激发员工潜能、提升组织效能、增强人才凝聚力、降低人才流失率的重要举措。通过有效的人力资源管理行为，我们能在优先满足企业岗位空缺的同时大幅降低招聘成本。同时，让优秀人才得到了更为明确的职业发展路径和较大的上升空间，改变了企业一遇到岗位空缺就依赖于外部招聘的用人理念。可以说，盘活的不仅是人才，也是企业未来可持续发展的组织效能。

第十三章 | 建章立制：招聘体系的闭环思维

闭环思维是这几年在职场中谈论比较多的话题，一般有两方面的含义。从工作角度来看，所有的事情都要有“闭环”，即事情做了要有结果、要有总结、要能持续改进，而不是半途而废，或者做了没有反思更好的改进空间。从个人角度来看，工作态度一定要积极，接到的工作任务要能及时落实、推进过程中要及时反馈、工作衔接要能跟进，最重要的是对工作任务能以首问责任制的态度反馈工作成果。这两个角度是相辅相成、互相融合的，从招聘管理的角度来看，闭环思维也是提高招聘成效的重要方式。

我们之所以经常会觉得招聘不好做，如果聚焦在某一点来看的话，那肯定是因为招不到人，或者准确地说，是招不到合适的人。如果我们单纯地从这个结果来分析，可以得到各种各样的原因，这些原因无外乎两类：一类是市场外部环境，另一类就是公司内部因素。

外部环境大多不可控，但是作为招聘管理者不能完全通过“等、靠、要”来被动接受这些变化。我们应当在日常工作中敏锐地意识到，外部环境变化带给企业人力资源管理的影响（一般可以采用PEST模型进行分析）。例如，外地出台的人才引进政策、当地城市发展定位及产业结构调整、当地政府鼓励推进高技能人才队伍建设及职业教育等，这些都会对当地劳动力市场人才供给产生直接影响，进而对企业制定人才招聘策略产生间接影响。内部因素通常是企业制定的战略规划、经营目标、管理理念、雇主品牌、地理位置等对人才吸引有较大影响力的要素。一般招聘管理者对内部因素的影响力有限。不过从职能分工和专业精细化来看，在招聘管理的范畴内，招聘管理者拥有相对稳定的话语权，如果能拥有闭环思维并且发挥专业特长，其实对招聘结果也能起到很好的推动作用。所以当我们遇到招聘难题的时候，不妨先从招聘管理的角度检视一下，是否做到了闭环、是否在整个招聘管理过程中出现了漏洞。一旦有漏洞，那么管理上的蝴蝶效应，就会让我们的招聘成果大打折扣。

13.1　招聘是“选—用—育—留”的关键一环

说到人力资源的主要功能，绝大部分人能说出“选—用—育—留”这四大环节。其实如果单纯从人力资源使用的角度来看，这四个环节的确涵盖了绝大部分的人力资源管理活动。其中“选”是人力资源管理的关键环节，因为选对人才能做对事，从一定程度上来说，将优秀的人选拔出来远远要比将人才培养优秀更重要。无论是向外求（外部招聘）还是向内找（内部招聘），企业对于优秀人才的渴望永远是没有止境的。发现优秀人才并且将其放到合适的岗位上是每位招聘管理者所期望的。因此，当我们谈到“选”的时候，除在制定能力（岗位胜任）、评估能力（目标人才所具备的）、匹配能力（目标人才与应聘岗位）等方面要花费比较多的精力外，更重要的是让优秀人才有脱颖而出的机会，并且为优秀人才匹配符合他们职业发展的路径。

招聘难做的很大一部分原因在于向外求的太多，向内求的较少。对于外部那些不可控的因素，我们只能适应和调整。一旦企业内部形成一种别人家的员工总是比自己企业员工更好的错误判断时，最常见的局面就是，一边是企业员工离职率上升；另一边是HR拼命招新人，招进来的新员工发现工作不堪重负或出于其他原因又选择离职。这就是在恶性循环。

事实上，我们根据岗位胜任能力选择合适的内部人才，远远要比从外部招聘人才更为便捷和更节省成本。我们应当思考，为什么跳槽的绝大部分是优秀人才，而他们的企业却没能留住他们？在日常的面试过程中，你会发现所有跳槽的正当理由中，绝大部分是企业没有重视的人力资源管理细节。职业发展空间受限——我相信这是很多人在描述跳槽理由时都会提到的，那如果他们原来的企业给予了其职业发展空间，是不是这些人才就可能选择继续工作下去？我想答案应该是肯定的。毕竟做生不如做熟，熟悉的环境总是更得心应手，跳槽对员工来说也是有机会成本的。

我们都知道，职业发展空间往往是由员工本身具备的能力以及员工在当前岗位的绩效所决定的。这两点是不是很熟悉？是的，这就是我们在人才盘点时经常使用的两个评价维度。员工要想获得职业发展空间，首先是绩效能出色达成，其次是具有较高的发展潜力。因此，我们也可以简单地理解为，公司给予员工岗位晋升，其实已经包含了基于员工当前绩效和潜力，未来是否能胜任更高职级岗位要求的概率判断。而其中非常重要的就是对未来潜力的判断，因为即便绩效再优秀，没有发展潜力的话，这个员工也只能是优秀的骨干员工，但不具有培养价值，只能满足当前岗位的胜任要求而不具备更高职级岗位的胜任能力。所以，对于很多企业来说，非常重要的一点是，应当意识到如何正确评价员工与企业发展所必备的岗位胜任能力之间的关系。

通常情况下是企业设置了岗位才进行招聘，也就是我们常说的因事设岗，在这种情况下，首先是有了明确的岗位胜任标准，才能开展正常的招聘工作。对于人与岗位的匹配也大多以岗位胜任要求作为前提，绝大多数情况也是属于正确的管理方式。但是，绝大部分员工当能力发展到一定程度后势必会对岗位有新的渴望，如果企业内部无法满足的话，员工就会选择看向企业外部新的职业发展机会。真正优秀的员工并不一定会被现实中的工作内容所束缚，他们渴望的是具有创造个人价值的理想岗位，这种岗位如果在企业内部存在，那么员工便会安心工作；如果没有，具有专业特长的员工很可能就会自我创造这样的岗位——以离职寻找新机会、开展副业，甚至是自主创业。从能力角度去看待优秀人才的自我发展，就会发现实际上是优秀人才的存在，才使得企业得以更快速、更高效地发展，从岗位设置到选择合适的人才匹配这个岗位，这个过程中，招聘职能所发挥的作用不仅仅是找到人，更需要招聘管理者以独特的人格魅力和对人才的极度渴望，邀请优秀人才加入企业或配置组织内部现有人才到更合适的岗位，并且能安心于当下企业环境和所提供的各种资源，为企业发展作出贡献。这些，都是由招聘管理者从潜意识里对于人才的渴望所决定。

当然，人才保留需要人力资源系统管理来支撑，但是，在人才闭环管理过程中，招聘配置往往只是被当作起点来看待。我认为，这个观点是必须改变的。有些人对于“选—用—育—留”的理解会比较片面，认为招聘只要把人招进来就完成任务了，后面的人力资源管理都由其他职能来完成，只要岗位不出现空缺，招聘就不用去特别关注，其实这样的管理思路比较狭窄。毕竟人力资源是个环状管理，招聘既是起点，更是将环状的人才管理终点作为新的起点，循环往复，这样员工的螺旋式职业上升发展也就得到了体现，才能使人力资源管理水平持续得到提升。如果只是一个开放式的、单向使用的"选—用—育—留"模式，不能打破一些固有的规则，就无法为员工提供足够的职业发展空间，容易导致核心人才持续流失，无论是到竞争对手那里工作或者自主创业，都是给自己所在企业制造了强有力的竞争对手。我想，这是任何企业负责人都不愿意看到的事情。

正因如此，企业为了保留这些具有丰富经验的老员工，才会考虑通过设计员工职业发展通道来满足他们的岗位发展诉求。这样就能使员工在企业内部不断获得新的发展机遇。而真正能将职业发展通道落实到位的就一定包含招聘职能（人力资源规划职能可以通过工作分析进而重新设计岗位职责，使得工作丰富化或工作扩大化，培训职能也可以通过轮岗等方式实现）。通过深度挖掘内部招聘渠道，提供更多的岗位让员工选择，只要员工具备足够的能力去胜任其他岗位，员工就拥有优先应聘权，这样的话，员工未必只有通过跳槽才能获得发展机会。这无疑为企业保留核心员工提供了新思路。而一旦员工应聘新岗位成功，从"选—用—育—留"的角度来看，就又是一个新的开始。

另外，仅仅从"选—用—育—留"中的"选"的环节来看，核心职能肯定是招聘，但也包括人力资源规划职能（提供人力资源需求供给分析及岗位说明书）、绩效职能（对于未来岗位绩效的预期或提供历史绩效考核数据）、薪酬职能（岗位薪酬水平具有市场吸引力和竞争力，对内具有公平性）、劳动关系职能（招聘流程及岗位任用过程符合法律法规要求）、培训职能（培训体系符合岗位培养预期，能提供相应的岗位适应性培训）的配合与支持。招聘职能通过整合其他职能来实现企业人才的合理配置，虽然人力资源管理六大模块缺一不可，但是企业的发展关键是选对人，人选对了如虎添翼，人选错了可能南辕北辙。所以，很多企业在“选”的环节就给予比较多的关注度，招聘也由此成为相对关键的职能。

优秀的招聘管理者肯定不是以单纯地完成KPI指标为目标。对于企业内部人才梯队建设，招聘管理者要给予一定的关注度。人才梯队建设看似是培训职能的事情，但是培训职能只是帮助那些员工具备了更好的岗位胜任能力，其无法提供岗位需求，不具备相应的岗位配置功能，这些都是由招聘管理者来推动和落实的。招聘管理者需要关注到企业优秀人才，将招聘职能向内延伸，帮助企业不断发现人才、识别人才、配置人才，这样的招聘才更有人才管理价值。

13.2 战略决定方向，策略决定结果

在企业的生存与发展过程中，战略和策略扮演着至关重要的角色。战略明确了企业的发展定位和发展方向，而策略则决定了企业战略的实现路径和实现方法，策略在一定程度上能影响战略目标实现的可能性与取得成果的大小。在企业管理中，人力资源所有的管理动作都应当满足企业战略的需要，通过合理有效的人力资源管理，为企业战略打造一支供给及时、数量充足、质量优秀的人才梯队。这对企业实现战略目标，特别是在需要不断创新或进入新市场的战略中，起着至关重要的作用。因此，在正式开展招聘工作前，需要全面考虑对企业战略实现的意义和作用。

现在很多企业在招聘过程中遇到的问题是，感觉招聘管理者就是救火队员，始终在不停地招聘，却还是满足不了业务发展的速度。由此我们可以思考一个问题，如何才能在招聘管理过程中，使招聘职能更好地发挥人才配置的作用？

我们都知道，企业战略决定人力资源战略，人力资源管理颗粒度在一定程度上决定了招聘体系建设的整体框架、模块细分与岗位配置。而要想在日常事务中找到业绩突破口，非常重要的一点就是招聘管理者的战略格局一定要高、管理视野一定要宽，尤其是对人才配置需要有比较敏锐的管理触角。处于不同发展阶段的企业对于人才的需求也是会有变化的，比如一家即将要进入快速发展期的企业，他们的招聘力度肯定会比平稳期更为有力，而另一家处于转型期或执行收缩战略的企业则面临的是众多岗位员工需要重新配置岗位。这两家的企业战略不同，招聘管理的重点也是大相径庭的。招聘管理者并不一定是最先了解到战略决策的岗位，但是从这些细节中可以理解和感受到一些变化。因此，当我们接到招聘需求的时候，最重要的不是立马列招聘计划，也不是马上启动招聘渠道，而是应当敏锐地感知到岗位招聘的潜在管理需求。这一点，对于培养招聘管理者具备商业运营思维非常有效。因为很多招聘需求背后蕴含着未来战略动向及业务状态的变化，这些势必会导致岗位新增或现在岗位胜任能力的变化。

有些招聘管理者认为，满足业务需求是人力资源部门作为支持职能必备的管理思维。我觉得这话原则上、大方向是符合管理常态的，但是有个非常重要的前提是，这些业务需求是符合企业战略且有明确计划的，这样才能在招聘策略上做好具体谋划，最终实现业务端想要的结果。随机性和缺乏具体人才标准的招聘需求，只能让招聘管理者无所适从，所以招聘管理者在面对招聘需求的时候，首先就是要与用人部门沟通具体的招聘需求，这样做固然会花费一点时间，但是对于后期顺利开展招聘工作是非常必要且有利的。

比如，某企业的创新战略是对某新兴赛道的快速布局，目前该赛道尚处于萌芽阶段，行业内的经营模式尚未完全形成，竞争者也寥寥无几，但从经济发展趋势来看，如果短期内能够站稳行业龙头的地位，未来可以有巨大的盈利空间。因此，企业高层认为，需要在短时间内招聘到数量充足的优秀人才组建新的管理团队加入这个赛道。从战略层面来说，这个招聘需求目标非常明确，与企业战略是匹配的。从策略层面来说，招聘管理者要想在短时间内完成任务目标，就必须和相关业务部门进行招聘需求分析，除了常规的新增岗位说明书、招聘人数、期望到岗时间、薪酬福利待遇、行业目标人群等需求信息外，重要的是要整理分析招聘需求，从而有针对性地制定招聘策略。包括但不限于：

策略1：明确招聘推进计划。

根据岗位类型、招聘人数、期望到岗时间，招聘管理者使用甘特图明确不同岗位的到岗倒排计划。对于招聘周期比较长的岗位（根据行业特点来明确，如高管、核心团队成员等），需要提前启动招聘计划，对于市场上供给充足的中层或基层岗位，可以按照平均招聘周期正常倒排，过早面试反而增加了候选人入职的不确定性。对于推进计划中的岗位，需要责任到人或组建分类小组，使不同的分类小组能聚焦在某些特定岗位，更有利于资源整合与资源利用，定期检视招聘进度是否符合预期，必要时调整实施进度。

策略2：明确招聘渠道选择。

根据岗位的专业特性及岗位层级选择合适的招聘渠道。由于需要快速布局赛道，所以具有行业经验或深入研究的核心人才是岗位配置的重点，可以通过猎头进行定向寻访，如果企业招聘已成立内部猎聘小组的，也可以利用人才地图进行行业人才挖掘。对于基层岗位，如果市场上供给充足且预算成本可控的话，可以考虑采用人事外包业务或通过团队整体挖掘的方式，招聘管理者将更多精力集中在关键岗位、核心岗位的招聘上。如果还是无法满足管理团队人数要求的话，部分中层和基层管理岗位可以从现有业务单元管理团队中择优到新业务单元。招聘渠道的选择由招聘推进计划来确定，未必从一开始就是渠道全面铺开使用（通常这样招聘成本较高），可随着时间推移和招聘到岗情况来决定。

策略3：明确人才吸引方式。

对于团队核心成员的招聘，仅仅拥有招聘渠道的话，有时候充其量只是让招聘管理者获得联系方式找到人，但对方未必愿意加入。所以，在吸引优秀人才之前，要想好企业可提供哪些优厚的条件去吸引对方，获得他们对企业新赛道的认同、对产品的认同以及对新团队的认同。通常可能提供的吸引条件包括：具有行业竞争力的薪酬、股权激励计划、成就个人理想抱负的机会、良好的行业发展机遇、已获得背景优秀的风投机构入股、行业赛道领先的战略部署等，提前了解候选人的成就动机，有的放矢地给予吸引条件。

策略4：明确招聘团队分工。

想要在短期内完成招聘任务，建立分工明确的招聘团队显得尤为重要。根据招聘计划合理分配相应的事务性工作事项，形成招聘团队内部的良好协作，主要完成招聘信息发布、简历筛选、面试邀约、面试实施、场地布置、面试评估、文书整理、Offer发放等工作。招聘团队主要负责人的职责则是统筹推进招聘计划，并监督、指导下属完成相应的工作任务，必要时获得更高级别管理者的支持（如与行业高端人才的见面沟通或面试邀请）。定期进行内部沟通，包括招聘进度汇报、了解用人部门招聘需求变化、招聘计划调整等。

明确战略方向是制定招聘策略的前提，制定招聘策略本质上就是将招聘核心思想转化为具体招聘方式方法的过程。企业战略决定了人才配置的方向，招聘策略才是决定配置成效的关键要素。招聘策略是招聘计划的具体表现，招聘策略是招聘计划制订的底层逻辑，明确招聘策略才能确保招聘计划的有效实施。我们都知道计划往往赶不上变化，招聘计划在实施过程中也不可能是一成不变的，但是如何变、何时变却是由招聘经验所决定的。在招聘策略明确的招聘计划中，即便遇到一些无法预见的招聘阻力时，也能采取较为灵活的方式解决问题。这也就是有些招聘管理者写招聘计划很擅长，但是实施效果却不太理想的原因。如果招聘计划中缺少了招聘策略，只是循规蹈矩、按部就班地执行无差异化的招聘活动，那么招聘结果就可想而知了。因此，我们谈论招聘策略的必要性就在于，通过制定招聘策略来系统性地提高招聘计划的可操作性和结果可预见性。通过招聘策略来实现招聘工作的不断改进，是招聘管理者成长的必由之路，也是闭环思维、系统思考和专业能力的综合体现。

13.3　坚持“以终为始”的闭环思维

企业竞争日益激烈，人才招聘已成为企业发展的重要环节。如果你现在所处的企业在招聘过程中面临信息孤岛、流程烦琐、效率低下等问题，那么很大概率是招聘体系的不健全导致的。这些问题制约了企业的招聘效果，影响了企业的长期发展。招聘体系建设是一个需要闭环思维的系统工程。闭环思维可以帮助招聘管理者更好地搭建体系，形成有效的成果输出并不断改进体系。系统思维则在很多专业领域都会被提及，在招聘模块中，系统思维能帮助人力资源管理者更好地理解战略与招聘体系之间的关系，更能强化招聘体系建设过程中各模块之间的有效衔接。通过建立完善的招聘体系、引入先进的招聘管理系统以及加强人员培训等措施，可以有效地解决招聘难题。同时，在实施过程中要注意设定阶段性目标、建立保障措施和考核机制等关键点，以确保招聘工作的顺利推进和取得良好的效果。只有这样，企业才能在竞争激烈的市场环境中搭建高效的招聘体系，吸引和留住优秀人才，为企业的长期发展奠定坚实的基础。

如果从以终为始的角度去看待招聘体系建设，则不难发现，招聘体系建设需要清晰地理解企业的战略目标，然后将这些目标转化为具体的招聘需求。招聘管理最终是为战略目标服务的，人才有效配置是招聘管理的工作目标。我们从明确战略目标、盘点人才现状、制订招聘规划、建立人才标准、选择招聘渠道、匹配人才能力、组建人才梯队、实施人才决策、持续改进机制九个维度推进招聘体系建设，并通过对整个招聘体系的持续优化和改进，来确保战略目标的最终实现。由于完整的人才供应链打造将覆盖人力资源六大模块，我们仅从招聘体系建设的闭环思维角度进行分析，也是以最简明扼要的形式，将招聘体系搭建的整个过程做个梳理。

明确战略目标

招聘管理者应当清晰地了解企业战略及人力资源规划。企业的愿景和使命是企业在长期发展中追求的目标和方向，企业的经营理念与价值观则体现了企业经营的生存之道与行为准则。这些为制订人力资源战略及制订招聘计划、招聘策略提供了方向，也是建立招聘体系的重要基础。同时，招聘管理者能根据企业战略目标分析判断需要配置的岗位特性与岗位胜任能力（部分企业由组织发展部门完成），了解实现招聘目标可调配的招聘资源，为后续有效开展招聘计划提供依据。

盘点人才现状

当组织内部出现新的岗位空缺时，招聘管理者究竟以何种方式思考人才来源，在一定程度上反映出企业核心人才观与招聘管理能力。因此，对于企业人力资源现状的了解，将有助于盘活组织内部资源。有计划地开展人力资源现状盘点将有助于制订更为有效的招聘规划或招聘策略，通过专项人力资源现状盘点也可以在针对特定岗位招聘时，提供充足的内部人才候选信息，从而激活内部人才供给。在建设招聘体系的过程中，人力资源现状盘点更能帮助招聘管理者了解企业人力资源结构，能前瞻性地建立战略性规划，实现人才储备。

制订招聘规划

制订招聘规划很重要的一点是，招聘管理者需要具备一定的管理格局，改变被动的任务分派式的传统模式，主动理解战略、融入业务的创新模式。招聘规划不是一蹴而就的，而是具有战略意义及愿景目标的。大部分招聘规划失败的原因在于与战略或业务的脱节，将招聘规划制订成为短期招聘计划的情形，或缺乏对企业人力资源现状的了解，仅站在人力资源的角度去制订、去谈概念、去抛专业术语，这些都不能达到预期的效果。

因此，制订招聘规划是定位于战略视野，对招聘工作进行顶层设计，包括但不限于制定岗位需求分析、岗位配置要求、人才获取策略、招聘渠道搭建、雇主品牌建设、招聘预算编制、招聘团队组建、人才测评方式、招聘制度建设等。在编制招聘规划的过程中，不可避免地会涉及组织架构、薪酬水平等跨模块内容，招聘管理者也应当通过系统思维，提前与各模块管理者进行沟通与衔接，以确保招聘规划得以顺利实施。

建立人才标准

很多招聘管理者可能会觉得招聘难做、人不好招的原因在于企业薪酬，那么企业高管是真的不愿意花钱进行招聘吗？其实未必，至少大部分的高管还是会在不同场合表现出求贤若渴，对于他们认可的优秀人才，还是愿意砸重金进行猎聘的。这就反映出，其实薪酬的高低在一定程度上是基于企业高管对岗位价值的判断。如果我们将岗位价值判断转化为人才招聘条件的话，其实就是将岗位价值转化为可以实现岗位绩效的能力组合，也就是我们常说的人才标准。如果将人才标准再进行细分，高标准意味着潜力人才，而基础标准就是我们所说的任职要求。从招聘体系建设的角度来看，通过建立有效的招聘管理制度，使用规范性的招聘管理手册，制定有效的招聘管理流程，实行定期的岗位价值评估机制等，都能有助于人才标准的建立，并能根据企业战略的变化实现持续迭代。

选择招聘渠道

谈到招聘，肯定绕不过去的就是招聘渠道。任何一种招聘渠道，其本质上都是为寻访人才提供机遇。对于不同层级、不同职能的招聘岗位，可选择的招聘渠道必定是不一样的。很多企业核心岗位、关键岗位的面试如果都是由企业高管直接推荐或参与的，那么很难在招聘渠道建设中复制，但大部分企业招聘的岗位属于常规性。

有些公司只选择单一的网络招聘渠道，必定很难满足多元化的岗位招聘需求。优秀的招聘管理者应尽可能地丰富招聘渠道，并定期进行渠道评估，然后组建招聘矩阵，通过招聘渠道的组合来完成人才寻访工作。因此，在选择招聘渠道时，招聘管理者的思维应当是基于全方位考虑的，既要横向打通人力资源各模块之间对岗位配置的影响要素，也要纵向加强对不同渠道的有效评估。

匹配人才能力

在招聘过程中，我们经常会提到一个词：人岗匹配。实际上，在招聘过程中，并不只限于人岗匹配，更包括人与组织的匹配、人与人的匹配。因此，当我们谈到能力匹配的时候，既要考虑到冰山以上的显性能力部分，更要考虑到冰山以下的隐性能力部分。这就解释了为什么很多招聘管理者会感慨明明面试时表现优异的候选人，入职后绩效却不尽如人意。出现这种情况的大多数企业，在能力匹配阶段大多关注的是候选人的显性能力，而冰山以下的部分才是能提供稳定绩效的保障。

同时，企业文化、直属领导管理风格、团队范围、管理模式等也是重要的匹配要素，招聘管理者应当给予关注。例如，现在很多企业关注的价值观、自我形象、个性特点和成就动机等。它们不太容易通过外界的影响而得到改变，但对人的日常行为起着关键性作用。因此，招聘管理者在进行能力匹配的时候，需要结合任职资格，通过使用人才测评工具（有条件的企业可以组建人才评价中心）、有效的面试评估方法（如基于胜任力模型），综合考量候选人的胜任能力。

组建人才梯队

当组织在谈人才梯队建设的时候，不能只从人才培养的角度去思考。人才梯队建设是涉及人力资源各模块的系统工程，很多企业把人才梯队建设重点放在了员工能力提升上，有些企业为人才梯队建设制定了明确的KPI指标，但缺乏有力的制度支撑或人才选拔任用机制，其实唯KPI论是没有意义的，这对建设人才梯队也是不利的。

如果组织内部出现空缺岗位，从岗位配置的角度出发，招聘管理者应当提供一份可替补名单，既可以是外部人才库的优质人选，也可以是内部人才库的潜力人才/合适人才。所以，我们从招聘体系结果性指标做评估的话，就要思考这份可替补名单究竟是如何产生的。从人才梯队建设成果输出的角度来说，主动发掘人才、推荐人才是招聘管理者必须具备的专业思维与能力。如果招聘管理者平时对组织内部的优秀人才很熟悉（如盘点人力资源现状、接替人计划名单等），又能通过岗位竞聘等方式让潜力人才主动脱颖而出，那么当组织内部出现空缺岗位的时候，招聘管理者就不会陷入人才危机。

实施人才决策

世间千里马常有，而伯乐不常有。因此，再优秀的人才都必须经过人才决策才能真正被组织所任用。科学的人才决策并不只是一个简单的人才录用决定，而是基于人才识别与风险控制的组织行为。传统的人才决策过程更多地依赖组织高管、招聘管理者等人的既有经验。现在，更多组织的人才决策，会借助人才测评手段对候选人进行评估，将背景调查、入职体检等融入人才决策过程中，逐步将科学化的人才决策机制与传统的识人、用人经验相结合，取得更好的效果。

值得注意的是，真正实施人才决策的往往并不是招聘管理者，而是对招聘岗位拥有绩效评价权的部门领导，甚至是组织高管。但由于人才稀缺、认知差异、利益冲突、组织文化等因素都会导致用人部门在作出人才决策时产生偏差，在这个时候，招聘管理者应当扮演好组织招聘顾问、招聘专家的角色，向用人部门领导（甚至是组织高管）给出专业的人才决策建议。对于一些招聘管理者不可控的因素（如薪酬待遇、团队权限）等，应当结合市场薪酬水平、人才梯队建设需要，给出必要的专业意见。这样，招聘管理者才会在人才决策中发挥应有的作用。

持续改进机制

招聘管理者需要对招聘计划实施情况进行持续跟踪和评估，了解招聘效果与企业战略目标是否一致，定期评估招聘流程的有效性和效率，及时调整招聘计划和管理策略，以确保企业战略目标的实现。在招聘体系的建设过程中，越来越多的企业开始使用数字化技术支持系统，建立数据驱动的招聘体系决策分析机制，通过收集和分析招聘数据，包括招聘周期、招聘成本、候选人质量等，制订招聘策略，持续提高招聘工作质量。雇主品牌建设及内部人才评价中心建设等也逐步成为招聘体系建立的重点。

招聘是人才“选—用—育—留”的第一环，更是关键的一环。只有选人、用人的进口端控制好了，才有企业发展的基业常青，而招聘体系建设的闭环思维，能更好地帮助招聘管理者实现优秀人才的合理配置。

画重点

闭环思维很重要，因为有了闭环思维才能促使我们采取必要的管理行为。很多招聘环节中的细枝末节，都有可能最终决定招聘活动的成败。环环相扣的流程管控是形成闭环的关键举措。以终为始的闭环思维可以让我们从一开始就明确最终要实现的效果，并以此建立必要的工作路径，而经常性反思也可以让我们在工作中持续改进，以使我们的招聘工作做得更为完善，得到更理想的结果。

第十四章 | 未雨绸缪：关注人才储备的价值

现代企业的竞争，归根结底是人才的竞争。在当今全球化、知识经济和信息技术快速发展的背景下，企业期望实现高质量发展，充足的人才储备被认为是获得竞争优势的关键所在。人才储备作为企业持续发展的关键驱动力，在提升组织绩效、应对不确定性和推动创新等方面具有不可替代的作用。招聘管理者基于企业战略及人才发展规划，从人才数量、人才质量、岗位层级、培养周期等多个维度进行人才梯队发展设计，构建高效的人才储备体系，是企业实现人才战略取得核心竞争优势的重要手段。

古语有云“养兵千日，用兵一时”，及至当今社会，企业人才储备之道也是一样的。通常情况下，企业人才储备包含外部储备和内部储备两方面，但本质上都是为企业未来发展的需求提前做好人才梯队建设。当然，外部储备和内部储备各有利弊，总体来说，人才储备对企业发展的意义是普遍得到认可的，因为我们可以非常清晰地预见未来人才竞争的三大趋势：

一是人口红利消失，人才稀缺度提升。从企业的可持续发展来看，只有充足的优质劳动力才能提供稳定的竞争优势。但随着我国人口老龄化的到来，传统的人口数量红利正在逐渐消失，这也就意味着未来适龄劳动力人口也会逐步降低，无论是企业人力资源数量还是人力资源质量都将面临比较大的应对挑战。

二是经济均衡发展，人才吸引力多元。过去一线、二线城市可能是很多人才的首选之地，但是随着国内多个经济圈的持续发展，陆续出台了诸多人才吸引政策，如学历落户、创业扶持、住房安置、购房补贴、子女入学、医疗卫生等，这些都在吸引优质人才从一线、二线城市回到家乡干事创业，未来一线、二线城市的人才供给结构可能会发生变化。

三是能力结构变化，人才培养期变长。复杂多变的外部环境对企业人力资源管理的影响之一就是人力资源结构必须符合企业未来发展的需要。复合型人才的培养相较于传统的单一职能人才的培养，比较明显的特点是能力要求更高、培养周期更长、培养费用更高，这就意味着如果不能未雨绸缪，提前进行人力资源规划，短期内是无法完成人才培养目标的。

因此，人才储备需要关注的不仅仅是人才数量和人才质量，更包括对企业战略的解读，企业对优秀人才的吸引力、可投入的人才储备资金、完善的人才培养体系等。面对未来的不确定性，人才储备不能再是论资排辈式的狭窄晋升路径，而是满足人才梯队建设动态需求的基本保障。

14.1 探索社交招聘对人才储备的意义

在我们正式决定储备人才前，首先需要思考四个问题：

一是企业战略未来的走向。这是决定我们要不要储备人才的关键问题。

二是企业未来的经营策略。这决定了我们到底要为未来储备怎样的人才。

三是企业未来的经营规划。这决定了我们需要在何时提供符合要求的人才。

四是企业当下的财务状况。这决定了我们需要的人才储备方式和储备数量。

这四个问题是企业人力资源管理者在进行人才储备前必须思考的，因为这四个问题的答案能很好地回答未来优秀人才到底“从哪儿来”和“到哪儿去”的人才管理关键目标。人才储备是着眼于未来的，但未来充满了不确定性，这对人力资源规划提出了比较高的要求：如果储备人才，则可能花费比较大的人工成本，而且有人才流失的风险；如果不储备人才，则可能在未来某个时刻处于无人可用的境地，影响了战略落地与经营业务开展。这其实是两难的选择，而大多数的人才管理是在选择某个平衡点，人才储备也不例外。

想要前瞻性、系统性地推进人才储备工作，需要提前进行人力资源规划。为了确保所有的人才储备能达成未来岗位的预期绩效，则需要完善的人才培养机制，而如果为了最低限度地维持人才储备的正常运行，也就是以较低的人工成本维持一支高质量人才储备队伍，那就只能在人才储备模式上多花点工夫了。

通常我们所说的人才储备包括外部储备和内部储备两种。内部储备是现在使用较为广泛的，主要优势在于员工认同企业文化与价值观，熟悉企业内部运作规范，并且一旦培养成熟可随时转化为新岗位所需要的人才。内部岗位配置流程便捷，从管理上来看，也比较容易实现人才管理的统筹配置，而内部储备最大的缺点就是如果纯粹地作为人才储备的话，人工成本过高，所以通常都是员工拥有明确的岗位，纳入人才梯队建设的管理范畴内。由于内部储备通常只能满足现有经营业务板块岗位空缺，对于企业转型创新业务板块往往缺乏人才多样性，所以如果内部储备人员过于依靠内部晋升，狭窄的职业发展通道可能反而导致员工离职，这些都制约了内部储备的覆盖面和储备量。因此，如果要满足企业未来的战略发展，就不能只运用内部招聘这一种办法，外部储备也势在必行。

对于外部储备，很多人觉得最大的难点在于关系维护，即在没有任何利益驱动的情况下，如何才能让企业外部优秀人才与企业建立较强的关联。有些人认为，通过企业雇主品牌吸引外部优秀人才可以达成储备，一旦企业有岗位缺口，那些优秀人才就会慕名而来，或者运用某些网站的简历搜寻功能作为企业的外部人才库，当出现岗位空缺的时候在线搜索简历，其实这些做法从严格意义上说和我们谈论的人才储备还是有差异的。

因为从人才储备的角度来说，我们的目标群体是相对明确的，比如企业计划招聘某个岗位，如果采用内部储备的话，在岗位发布前，招聘管理者可以从人才梯队中寻找到符合条件的候选人，或者是通过竞聘等方式在特定范围内寻找具备相应条件的潜在候选人，这种做法是从人才招聘效率最大化的原则出发的，从而提升招聘效率，并且能确保候选人或潜在候选人在硬性条件上是符合岗位预期的。不过这样做也正如大家所知道的，想要内部储备做到位，前提就是需要有足够多的人才储备量（数量和质量都需要），对于绝大多数企业而言，这个储备量所耗费的人工成本过高。

因此，我们将“符合条件的候选人或潜在候选人”作为人才储备假设条件之一的话，无论是雇主品牌还是网络人才库，都只能达成候选人或潜在候选人的这种假设，而没有办法说都是符合条件的，也就是当招聘管理者需要招募新岗位的时候，依然需要花费大量的时间去寻找合适人选。那么，能否让我们外部储备的人才以特定的方式与企业存在黏性，并且能被快速定位和寻找到？随着社交招聘概念的提出，或许可以找到新的人才储备方法。

物以类聚，人以群分。从社会学的角度来看，人是群居动物，每个人都不可能脱离集体而独立存在。人类作为一种社会性的动物，不仅有着个体的特征和需求，还有着社会属性的特征和需求。因此，当不同人因为某些社会关联属性，或以某个共同目的、爱好、利益等关联要素而自发聚集在一起成为特定群体时，就是我们所说的"圈子"。"圈子"的存在，让具有一定关联属性的人聚集在一起，也就为招聘管理者寻找候选人提供了便利。

这些年，招聘管理者在使用传统网络渠道招聘时发现，一味地被动招聘有时候很难达到理想的招聘效果，真正有实力的候选人并不会通过传统网络渠道主动投递简历，如果使用猎头寻访人才的话，则可能产生比较高昂的服务费/中介费，并且未必能达到有效的寻访结果。在这样的前提下，随着互联网技术和社交软件的不断发展，社交招聘开始进入招聘管理者的视野。社交招聘相较于传统网络渠道，其社交意义远大于招聘实质，大大地增强了招聘管理者与潜在候选人之间的互动性，也改变了招聘信息传播的典型路径。

过去的招聘信息大多依托于某些特定媒介，如网络、报纸、杂志、招聘会、中介服务等，使求职者与招聘企业之间形成一定的信息阻隔。当然，这样的信息阻隔就是人才服务行业的存在价值。但社交招聘的产生，使招聘管理者有机会直接在社交媒介上发布招聘信息，这样就打通了求职者和潜在求职者与企业之间的信息壁垒，加快了招聘信息的运转速度，使企业招聘方更方便地直接与求职者进行沟通。同时，通过人际关系链传播招聘信息，更容易获得潜在求职者的情感信任，也方便潜在求职者在信息传播过程中寻找到招聘信息发布源头，甚至可以通过社交渠道直接与招聘信息发布者取得联系，了解更多招聘的潜在需求或要求，从而提升简历投递意愿。以社交媒介形式实现的招聘信息传播路径，大大地提升了企业招聘方的主动招聘能力，在一定程度上增强了与目标人群的信息黏性。作为企业战略性人力资源管理变革重点，基本可以实现对特定岗位目标人群的人才储备功能。

社交招聘的招聘功能不只是发布招聘信息这么简单。社交招聘的重点在于招聘管理者可以通过“圈子”定向寻找符合招聘岗位条件的优秀候选人。按照“六度人脉”原理，任何目标人物都可以通过六层以内的熟人链联系起来，这也就意味着招聘管理者可以通过社交软件或其他社交方式有目标性地进行人才寻访与人才储备。这种做法无疑能很好地实现“符合条件的候选人或潜在候选人”这一人才储备假设条件，提前进行有效的外部人才储备。即便出现一次邀请未能打动候选人的情况，也可以多次邀请或保持长期关系，以方便后期进行邀约。

通过“圈子”加强外部人才储备的同时，也是推广企业雇主品牌的重要方式。现在有些招聘管理者通过个人自媒体进行个人IP品牌输出的同时，也在为公司宣传、招聘信息等进行推广，这无形中也起到了一个招聘渠道的作用。“圈子”文化也正向着私域流量发展，我们可以发现有些招聘管理者通过建立社群等方式集聚了一定量的社交联系人，由人力资源从业者、特定行业好友、（潜在）候选人等多元群体构成，逐步通过私域流量的打造形成具有一定人脉资源的“圈子”。当企业出现招聘需求时，招聘管理者可以利用私域流量的人脉圈子进行有明确目标的寻访。

比如，随着经济的发展和消费者需求的不断升级，商业模式也在不断变革。某电商企业期望实现战略转型，逐步打造“线上购物+线下体验”的经营模式，这样可以有效地降低商品的营销成本，同时提高消费者的购物体验。为此招聘管理者需要准备组建线下经营管理团队，除传统的招聘方法外，还可以通过社交招聘的方式，在社交渠道/社交软件上进行岗位的发布、定向挖掘某些企业的中高层管理者，利用私域流量进行招聘信息的传播，组建具备电商行业线下运营团队招聘经验的人力资源从业者社群获得候选人推荐等方式，全方位地打造基于社交场景的招聘新模式，提升招聘效率。

随着时代的变化，“圈子”文化也不再只局限于某些存在特殊关联的群体，而是引申为共享某些信息或资源的特定非正式组织，也是社交招聘的重要基础。社交招聘不仅有助于减少招聘方与候选人之间的信息壁垒，加速招聘方与候选人建立联系，也更有利于盘活不同行业招聘管理者身边的人脉资源，可以有预见性地进行人才储备，并将招聘信息触及特定人群或特定人员，更可以有效降低企业客户的中高端人才招聘成本，为企业做好优质人才外部储备打下良好的基础，这不失为一种效果理想的招聘方式。

14.2　岗位继任者计划是人才梯队建设的关键

人才储备作为一项长期且复杂的系统工程，需要企业从战略高度进行规划和实施。通过清晰的人才战略规划、多元化的人才引进渠道、重视人才的培养与发展、合理的人才激励机制、加强企业文化建设和实施人才风险管理等策略，企业可以构建起完善的人才储备体系，从而在激烈的竞争中获得持久的竞争优势。每当提到人才储备时，总是会不经意地想起或提及人才梯队建设，在绝大部分企业中，人才梯队建设被视为人才储备的重要载体，企业通过人才梯队建设输出，可以获得持续稳定的高质量人才。人才梯队对企业人才供给的关键性和重要性不言而喻。在人才梯队建设的过程中，一般会包含多个人力资源管理环节，其中人才培养肯定是大家关注的焦点。但是，如果我们从管理结果来看的话，就会发现人才培养只是过程性管理举措，人才培养得再优秀，如果没有合适的岗位，那就是人才培养资源的浪费，因此，岗位继任者计划作为人才梯队建设的重要组成部分，是决定人才梯队建设最终成效的关键评价指标之一，与招聘职能的关系相对也较为密切。

人才梯队建设是打造组织能力核心的关键之一，也是通过内部人才有序流动，实现组织能力更新迭代和自我完善的关键驱动力。人才梯队建设与企业战略息息相关，企业战略决定了人才梯队建设的方向和重心，而人才梯队建设对能否最终实现企业战略起着极大的作用。绝大多数企业的人才梯队建设侧重于内部人才的发掘、培养和任用，极少部分企业也会选择在中高层级或特定关键岗位直接引入外部优秀人才，作为接替人。因为人才梯队建设是个持续性的人才管理过程，可以说，其几乎是与业务发展同步进行的。正因如此，伴随着业务发展的变化，人才梯队建设实行优胜劣汰的动态管理模式。只进不出或者只进不动的人才梯队建设并不能发挥应有的作用。当人才梯队建设陷于停滞状态时，企业的人才就无法通过合理的内部配置手段实现灵活调节，这将不利于组织的良性发展。因此，作为系统性的人才梯队建设重要组成部分的继任者计划，将突出优秀人才的职业晋升与职业发展，形成良好的人才管理闭环，发挥人才蓄水池的储备功能。

继任者计划的实施关键在于对以下五个维度的考量：

第一个维度：继任岗位的选定。

继任岗位的选定包括两个方面。一是岗位继任目标。岗位继任目标指的是，企业在制订继任者计划时结合战略发展需求而形成的继任迫切度的排序，对于一些关键岗位、核心岗位，在制订继任者计划时，可以优先纳入，而对于一些可替代性较强的岗位可根据业务发展需要逐步纳入。二是岗位继任层级。继任者计划并不需要完全覆盖所有职位层级，这将导致大量管理成本的浪费。一般继任岗位可以从基层管理职级甚至中层管理职级以上进行设置（或者相当于管理职级的专业序列职级），基层普通员工职级不存在继任者计划，但是基层普通员工可以作为基层管理者的后备力量，纳入继任者计划中。通过继任目标和继任层级的选定，基本构成了继任者计划的岗位序列的基本框架。

第二个维度：继任人才的评价。

继任人才的评价包括人才输入和人才输出两部分。人才输入部分指的是根据继任者计划中某一岗位任职资格，从该岗位的下一层级岗位中选拔具有培养潜力的优秀人才纳入继任者计划。人才输入部分大多基于企业人才盘点结果来进行人才的择优选拔，并且更侧重于对培养潜力的考察。如果员工已完全胜任上一层级岗位任职资格的话，原则上应当尽快给予晋升或委以其他人事安排，如纳入继任者计划的话，需明确标识为可随时晋升，以免人才流失。人才输出部分则是指当继任者计划中出现岗位空缺时，对该岗位的继任者进行综合评价，选出符合岗位任职资格的人才填补岗位空缺。人才评价基于岗位任职资格而定，并非完全根据继任准备时间来确定，尤其是当继任者中出现继任准备时间相同的时候，可通过竞聘等方式择优选拔。人才输出部分的评价需要绩效与潜力兼顾，对于管理岗位人才的输出，更要考虑其管理能力、管理风格等团队管理要素，综合考虑其对团队绩效的影响程度。

第三个维度：继任时间的设计。

继任者计划是长期人才投资的过程，因此，继任者计划中继任时间的设计将决定继任人才的培养周期（我们也可以理解为继任者为达到继任岗位任职资格要求所需要的准备时间）。同一继任岗位下的不同继任者所需要的继任时间是不同的，一般设计为即时、半年、一年、两年，最长不超过三年。主要原因如下：一是过长的继任准备不利于员工职业发展；二是过长的继任准备可能意味着员工缺乏足够的培养潜力；三是过长的继任准备可能导致继任员工离职；四是过长的继任准备意味着企业需要投入的培养成本过大。因此，从人才投资回报率的角度考虑，继任时间的设计既要能满足岗位继任的需求，增强继任员工的岗位胜任能力，也要综合考虑企业培养的直接成本和间接成本，最大限度地秉持效益最大化的原则。这里需要招聘管理者注意的是，继任者的继任准备时间并非始终按照自然顺序自动排序的，当继任者中有某位成员表现特别优异时，其继任准备时间可跨层式缩短，甚至直接变为可即时晋升，这样的动态变化可以更好地激发继任者的潜力，也避免了论资排辈式的晋升模式。

第四个维度：继任数量的控制。

继任者计划中的继任人数根据继任岗位的多少进行相应配置。一般一个继任岗位配置2—3个继任者为宜。人数过少（只有1个），一旦继任人员发生变动则需要重新寻找继任者，不利于人才的有序培养。人数过多（超过5个），则企业的人才培养成本过高，尤其是当继任者中已有可随时晋升的优秀继任者时，再为该岗位储备过多的继任者就显得意义不大了。另外，继任数量需要关注到人才储备总量，当人才储备总量较多时，需要适当减少继任准备周期较长的继任人员，这样做的好处就是可以控制储备人数总量、合理控制培养成本。当某个岗位序列或某个岗位层级储备人员较少的时候，可以考虑横向的公共储备，即某个继任者根据当前岗位特性可以担任多个继任岗位的继任人选。这样做的好处是为继任者的职业发展寻找多种可能性。横向公共储备人才对应每个继任岗位的继任准备时间可以是不相等的，如继任岗位A的继任准备时间为1年，继任岗位B的继任准备时间为2年，岗位A和岗位B之间一般分属于不同职能。哪个岗位先产生空缺（前提是已经符合晋升资质），就先填补哪个岗位。纵向公共储备较少，一般只有当前继任岗位准备期内可随时晋升时，从员工职业发展的长远考虑，可将其列入更上一级的岗位继任者名单中。

第五个维度：继任的竞争性调整。

对继任者计划中的继任人员，应当形成“能者上、平者让、庸者下、劣者汰”的竞争机制，让优秀员工脱颖而出的同时也将部分不符合继任者计划的员工暂时性移除。竞争性评价可以通过每年定期或不定期的人才盘点来实现，也可以通过企业劳动技能竞赛、重大活动突出表现、经营业绩突出贡献等方式择优选拔。竞争可以激发继任员工的奋斗热情，也可以让他们在继任准备的过程中更好地展示自我，使继任者队伍本身就形成强有力的高绩效团队和具有团队优势的核心后备力量。

不过值得招聘管理者注意的是，由于继任者计划是否可以在员工中公开一直以来都颇具争议，不同企业的做法可能大相径庭。对于计划可公开的企业，在竞争性方面相对拥有更为有利的激励优势，使优秀员工通过纳入继任者计划获得非物质激励；而对于计划无法公开的企业，可以在一定程度上弱化员工之间的矛盾，更有助于团队协作文化的形成，但也因此可能需要花费更多的精力去培养和选拔继任者，并且无形中由于信息壁垒导致管理沟通的不畅和管理成本的提升。

14.3 别让轮岗成为压倒员工的最后一根稻草

目前，轮岗制在很多企业内部流行。轮岗制度让高层领导认为，这是对企业员工综合能力培养的重要方式：对职能部门员工而言，是深入了解业务、融入业务的重要步骤；对业务部门员工而言，是加强横向交流，减少跨部门沟通障碍的捷径。轮岗制度也成为招聘管理者填补岗位空缺的重要方式。越来越多的企业开始尝试推行轮岗制的同时，不完善的轮岗制度却对员工造成了诸多负面影响，甚至导致员工以离职方式应对不合理的轮岗制度，既造成了人才流失，也暴露出企业在实施轮岗制度过程中的一些弊端。由此，我们不得不冷静地思考轮岗制度所产生的危害。轮岗制度究竟该如何开展，才能让其真正发挥作用？

第一，轮岗目的要清晰。

我们首先要对轮岗目的有一个判断。一般来说，轮岗目的有两种：一种是培养人才，主要让员工通过轮岗了解不同岗位的业务，满足企业未来发展的需求，也有利于员工自我职业生涯规划的确立与调整；另一种则是配置人才，部分企业期望员工通过轮岗来填补某个岗位空缺，并且在过程中提升技能，从而确保相应岗位能正常运作。前者属于培训职能范畴，后者则属于招聘职能范畴。由于轮岗目的不同导致员工选拔方式和考察侧重点可能略有差异，因此在轮岗前需要和轮岗员工进行充分沟通。

第二，轮岗目标要明确。

轮岗目标是基于轮岗目的而产生的，出于人才配置目的实施的轮岗，应当是充分发挥员工潜力和岗位价值的良性设计。这里需要招聘管理者注意的是，在配置高潜人才和管理培训生时，要根据其轮岗目标合理配置岗位。因为高潜人才的轮岗是为了将来的晋升，需要积累不同职能的管理经验，所以轮岗时间会相对较长，轮岗岗位可以是具有一定挑战性的，轮岗目标可以结合岗位绩效考核指标进行设置。管理培训生还是以熟悉岗位操作为主，一般轮岗时间较短，所以轮岗岗位可以是辅助性、职能性的，轮岗目标可以结合岗位职责来设立，酌情设置绩效考核指标。有些企业强制要求所有员工每次晋升前，必须具备不少于两次的轮岗经历（当前职级），这种做法往往是为了轮岗而轮岗，不仅轮岗效果很难保证，也容易导致管理成本的提升，对经营业务产生负面影响。

第三，轮岗对象要合理。

轮岗不应是一哄而上的管理行为，而是有条件、有步骤、有计划地对符合要求的员工开展实施。轮岗员工覆盖面一般需要适当控制，需要对目标员工进行必要的能力盘点，对于那些通过轮岗学习能获得职业成长的员工应当给予优先考虑。有条件的情况下，更可以引导员工主动申请参加轮岗，促进跨职能岗位的经验积累。如果只是单纯地降低人工成本，过度要求员工一专多能，让现岗位尚未完全胜任的员工去掌握另外一个完全陌生岗位的技能，这不符合科学用人的原则，反而可能促使部分员工从心理上就对轮岗制度产生排斥感。

第四，轮岗计划要周密。

为了让轮岗员工尽快了解和适应轮岗岗位的工作要求，安排必要的岗前培训是非常有效的举措。详细地制订岗前培训计划不仅能让员工从心理上做好轮岗的准备，更能增强员工面对新挑战的信心，也可以帮助员工在岗位技能上逐步适应新要求，完成胜任能力的迁移。轮岗前培训计划一般需要结合轮岗目的、轮岗目标及轮岗员工的个人基本情况综合制订，在正式轮岗前完成。轮岗培训一般由用人部门或招聘部门提需求，培训部门负责制订计划、实施计划并完成必要的培训评估。

第五，轮岗评估要科学。

对于临时性轮岗员工，招聘管理者在进行岗位配置时相对容易些，只要符合基本条件并且达到轮岗计划评估结果即可。如果临时性轮岗员工在工作一段时间后需要定岗时，招聘管理者就需要按照任职资格要求进行全方位的评估，尤其是履行岗位职责过程中的岗位胜任能力及绩效考核情况，必要时（如中高层岗位定岗）可以使用人才测评工具。轮岗评估也是招聘管理者以内部招聘方式实现人才配置的重要评估方式之一，从而确保所有正式配置到岗的人才都能符合岗位任职资格要求，这样才能确保团队的战斗力。

第六，轮岗决策要慎重。

轮岗作为内部招聘的一种人才配置方式，对于员工的职业发展也会产生一定的影响。有些人可能一次轮岗就改变了其本身的职业发展轨迹。同时，轮岗对于员工的综合能力及发展潜力也是一种考验，并不是所有人都能通过轮岗方式获得职位提升，甚至有些人因为轮岗反而错失了在原来职能条线的专业优势和晋升机会。因此招聘管理者应当意识到依靠轮岗填补空缺必须结合企业战略、经营模式、企业文化及员工个人意愿等综合考虑。轮岗本身作为人才储备的一种方式，更主要的还是帮助员工提升价值，其次才是匹配到合适的岗位上，这样的招聘管理才更具有人性化和科学性。

总体而言，轮岗虽然对员工，甚至企业有多方面的价值，但作为一种管理措施，是需要付出相应成本的。因此，企业在实施轮岗制度前就必须对显性和隐性的风险进行必要的评估，选择较为适宜的管理方式推进。

画重点

未来，企业核心竞争力的体现，可能不再局限于其实际拥有的人才数量。高质量人才储备也是重要的人才竞争力体现之一。优秀的人才储备可以降低企业的人工成本，加快企业转型发展的速度，降低用工风险，提高员工的敬业度和归属感。运用现代人力资源管理理念构建起完善的人才储备体系，将有效提升企业人才的使用效率和改进团队工作绩效，从而在激烈的竞争中获得持久的竞争优势。

第十五章 | 百舸争流：打造高绩效团队

随着时代的变化，职业分工越来越精细是社会发展的必然趋势。这意味着，个体依靠自身能力是无法参与到完整的、充分的社会竞争中的。企业发展也必须依托于具有不同专长的员工来获得竞争优势的累加，团队绩效概念由此得到长足的理论发展。高绩效团队往往能最大限度地凝聚和发挥团队成员的个体优势，最大限度地消除团队成员之间的协作阻碍，从而提高团队的运行效率。在多个团队的竞争优势转化为绩效优势后，也就推动了企业在面对内外部环境变化时的适应能力，能极大地提高组织绩效，从而实现可持续发展。

对招聘管理者而言，岗位招聘并不是把人才孤立地配置到岗位上，而是通过人才配置这种方式为企业打造高绩效团队。正因如此，我们才会在招聘时强调人与组织的匹配、人与岗位的匹配以及人与人的匹配。事实上，绝大多数时候，我们的关注点可能只在人与岗位的匹配，在任职资格的范畴内对候选人进行考察与评估。但是如果我们仔细想想就会发现，在职场中，影响个体绩效的因素很多，比如规章制度、人际关系、领导的管理风格等。虽然任何一个因素都无法直接决定个体绩效或团队绩效，但是一旦这些单一因素叠加成复杂类型因素，就会产生无数种影响个体绩效或团队绩效的可能性。在这种情况下，如果我们谈论个体绩效，还只是单纯考量人与岗位的匹配，那可能就是在闭门造车，生活在乌托邦式的职场中了。

因此，我们需要强调优秀团队所发挥的作用，关注团队绩效对组织绩效的影响，更需要的是，在人才配置过程中，识别并关注到影响团队绩效的有利因素，协助用人部门去打造高绩效团队，帮助他们消除团队协作过程中的不稳定因素，让团队更快、更好、更有质量地完成经营管理任务。从这个角度来说，招聘职能是实现战略性人力资源保障的重要基础，也是改善人力资源结构、提升人力资源整体质量的关键驱动力。

15.1 团队配置中的“木桶理论”

在传统管理理念中，谈及团队配置都会提到“木桶理论”，也就是我们通常所说的“短板效应”，这是一个被很多人熟知的理论。这个理论最早由美国管理学家劳伦斯·J.彼得提出，他认为，木桶的价值在于其盛水量多少，而决定木桶盛水量多少的关键因素不是最长的那块木板，而是最短的那块。因为木桶通常是由多块木板围成一圈构成，无论最长的木板能达到何种程度，只要短板存在，就无法使这个木桶装满水，如果木桶想要装满水，就必须将短木板换成长木板。这个理论在很长一段时间里得到了很多人的认同和共鸣，认为一个团队的最终竞争力，不是取决于业绩最好的那些人，而是团队中最弱的那些员工，只有将目标和关注点聚焦于如何发现团队成员的短板并进行弥补，能力最弱的员工必须提高技能，否则将面临被替换的可能，只有这样团队才能获得长足的发展。但团队管理的木桶理论是否能适应当下的企业管理，尤其是作为招聘管理者的选人用人理念，就很值得商榷了，主要原因在于以下四点：

第一点：木桶理论的前提假设需要明确。

木桶理论非常重要的前提假设是用来制作木桶的木板都是材质、工艺、长短、厚薄、宽窄相同或者假设为木板与木板之间的差异较小，按照传统垂直打水方式，单次盛水量才有可能是由短板来决定。这些条件的任何一个发生变化，都有可能导致盛水量发生变化，甚至完全失败。这里如果我们引申到团队管理中，就会发现，只有在假设条件都相对平等均衡，或都处于相对公平、公正的前提下，才能单纯地判断员工的短板技能是否成为影响团队目标和团队绩效最重要的因素。这种比较典型的场景例如制造业流水线，同样的工作环境、操作规范，如果按照标准日生产量来确定团队日均生产总量，并且提供同等的工作条件和工作时间，这一切所有的外在因素都确定好以后，最终才能说员工短板技能对团队目标完成有影响，并且呈正相关。但是现在是互联网时代，周围的一切都在发生变化，绝大部分团队所面临的问题是复杂的、不确定的、模糊的，那么员工的短板技能未必就能影响到团队目标的实现。对团队管理而言，根据企业内外部环境建立有效的团队目标，然后配置合适的人才，远比关注员工短板技能更有价值和意义。

第二点：木桶理论的价值维度需要聚焦。

我们之所以把木桶比作团队，是因为木桶木板与团队成员之间有比较形象的关系连接。但实质上二者区别还是挺大的，比如在目标评判的唯一性和提供价值的连续性这两个维度上。我们从目标评判的唯一性来看，木桶理论把盛水的多少作为衡量其目标评判的唯一标准，但是对团队而言，所要应对的问题更为复杂，其团队管理目标往往并不是唯一的，即有时候会包含多个团队目标（例如长期目标、短期目标、经营业绩目标、财务管理目标、客户服务目标等），这就使得团队管理必须做更为复杂的设计才能满足实现多个团队目标的需求。我们从提供价值的连续性这个维度来看，木桶理论主要考虑的是每次的盛水量，但是并没有提及木桶的可耐用性，但在团队管理中，团队成员的稳定性，甚至说团队成员之间的配合度、默契度对团队目标的实现有较大的影响，这也就是成熟的团队相较于刚刚组建的团队更容易成功实现团队目标或者是向客户提供更为持续可靠产品（服务）的道理所在。因此，如果能找到凝聚团队核心要素的方法，我们就可以找到团队成员配置的方法，从现代企业管理理念来看，其就是企业文化中所包含的愿景、理念、价值观等，因为有了共同目标和行为准则的才是优秀的团队。招聘管理者要做的，就是帮助更多的团队实现目标，为它们配置所需要的合适人才，这也是招聘价值所在。

第三点：木桶理论的能力改善需要关注。

木桶理论之所以能引发很多人的共鸣，最关键的在于，认为需要改善短板才能获得成功，如果在某些方面和成功者存在差距，那只需要改善某个方面。但是很多人忽略了非常重要的一点：并不是具备了相应的能力就能成功。如果从胜任力模型的角度来看，我们能看到的能力差距都是表象，真正起决定性作用的一定是冰山以下的隐性因素。同样地，团队能力的打造并不只局限于团队成员之间的能力差距，而是团队成员之间能力互补的过程。我们需要对短板进行量化定义，有些人的短板可能是其他人一辈子都无法企及的天花板。我们不能只谈能力短板而不谈能力标准。因此，如果团队成员中的短板只是相对于其他人的特长或相对于其自身的其他能力来说的，那未必就有再去改善的意义。即便团队成员的某项能力相较于绝大多数是弱势，但只要团队成员的另外一项能力超过绝大多数人，则是否改善也需要根据团队成员能力配置情况来看，同时也要考虑弱项能力的改善成本是否值得去做。招聘管理者在团队配置过程中要考虑的最基础的就是符合任职资格要求，也就是我们讲的符合岗位要求的最低标准，即团队能力的最低值。只要符合任职资格标准，理论上就不能说是短板能力，我们都是在任职资格的基础上进行招聘，这才是团队成员能共事的重要基础。

第四点：木桶理论的时代意义值得探讨。

随着互联网时代的到来，我们每天都面临大量的未知信息，但同时也让我们获得学习知识的机会变得更平等，可以获得大量、有深度的知识。正因如此，传统木桶理论谈及的短板改善成本就会变得更高。你在学习的时候，其他人也可以通过同样的方式学习。知识学习的马太效应，让学习能力强的学得更快，而缺乏学习方法的进步微乎其微。就像现在大学里的专业学习，分类越来越精细，这是社会发展所导致的，培养的就是具有某些专长、适合社会职业分工的优秀人才。木桶理论在新时代下也衍生出了“长板理论”，即认为在一定的倾斜角度下，盛水的多少取决于最长的那块板。在短板不变的情况下，只要个人的长板（优势）更长，就能获取更多的职业优势。这一点在团队管理中同样重要，真正影响团队业绩的并不是团队成员的某个短板，而是团队形成合力后的团队优势。团队成员之间的能力互补，每个人能根据自己的特长各司其职，在团队共同目标的驱使下充分发挥出个体优势，使得团队优势更为明显。现在的团队不再以人数作为核心优势，而是以最低人数发挥最大团队优势作为团队组建的出发点。团队优势将在很大程度上使团队始终处于较为理想的工作状态，也使得团队沟通成本降低，团队协作更为高效，这也是很多优秀团队保持高绩效的秘诀。

木桶理论的持续发展在一定程度上也反映出，我们对团队管理还有很多值得探讨和反思的地方。在当今世界格局之下，企业与企业之间的竞争最终还是人才的竞争。由优秀人才组成的团队未必是最理想的状态，只有在共同目标之下组成的优秀团队，才能充分发挥团队优势，了解不同团队成员的能力优势，帮助优秀人才匹配到能发挥其能力优势的团队，这些都是作为招聘管理者的人才配置职能。这几年，更多的招聘管理者之所以开始接触和学习测评，是因为其认为发掘优势比弥补缺陷更重要。在这个需要核心竞争力的时代，把“桶”倾斜，专注发展团队的“长板”，将“短板”向外寻求合作，弥补不足，这样才能成为企业竞争的核心优势。这些也都是招聘管理者在打造高绩效团队时需要注意的关键点。

15.2 用人部门负责人在某种程度上是首席招聘官

要想打造一支高绩效团队，团队负责人必然是关键中的关键。团队负责人为整个团队确定清晰、明确的团队目标，不断激发团队成员的积极性和工作动力，了解团队成员的能力优劣势并能发挥所长，促进团队协作与协调必要的团队资源等，这些都决定了团队负责人不可或缺的作用。一个篱笆三个桩，一个好汉三个帮。作为个体，再优秀的团队负责人依然需要帮手才能完成团队任务。一个优秀的高绩效团队不一定是每个人都优秀才在一起，而是在一起才变得更优秀。作为团队负责人，对于团队的组建有不可推卸的责任，也正因如此，当我们要打造高绩效团队的时候，招聘管理者首先应当想到的是谁能担任团队的负责人，然后才是如何组建一支优秀的团队。

那么在组建团队过程中，招聘管理者到底该如何与用人部门配合，这是经常我们会遇到的问题。首先，我们要明确一点，用人部门负责人是招聘工作的第一责任人。虽然这一点很多用人部门负责人并不一定会意识到，但是他们却存在招聘职能的天然优势——清楚团队的人才需求与岗位标准，也正因为这样，他们需要全程参与岗位招聘过程，面试评估候选人并给出评价建议，最终确定是否让候选人加入团队，这样才是真正高效的招聘。

在企业实践的过程中，我们经常遇到的情况是招聘管理者承担了绝大部分的招聘事务性工作，用人部门负责人却有点像甩手掌柜，只提需求，其他却极少参与，最终招聘管理者忙前忙后一段时间还不一定取得成果，反被用人部门负责人指责不专业、进度慢、没成果，真的是哑巴吃黄连——有苦说不出。其实，导致这类情况发生的原因有很多种，企业制度不规范通常是比较常见的。因此，招聘管理者需要在建设招聘体系的过程中，尤其注重与用人部门的分工与协作，主要在招聘五个阶段进行职责的明确。

准备阶段：当产生新的招聘需求时，用人部门负责人需要根据部门编制情况提交岗位增补申请表。对于新增岗位，由用人部门提交岗位说明书，招聘部门负责审核修订，最终需要用人部门与招聘部门共同确定招聘需求。招聘管理者在准备阶段就需要告诉用人部门负责人关于后续招聘流程的分工，明确哪些环节是需要获得其支持和配合的，并且需要让用人部门清楚地了解到，招聘不仅仅是人岗匹配，更重要的是与团队的匹配，甚至是与用人部门负责人的匹配，这样提前沟通有助于后期招聘工作的顺利开展。

招募阶段：招聘部门先与用人部门沟通招聘计划，可以就招聘人选来源征询用人部门负责人意见并提供必要的建议，从而选择合适的招聘渠道（外部招聘与内部招聘可选择的渠道不同），按照招聘信息发布审批后才可以发布招聘广告。一般如果出现适合内部渠道招聘的岗位，招聘管理者可以建议用人部门优先使用内部招聘，无论是内部竞聘、晋升、平调，还是内部推荐，相对而言都是比较低成本的策略，如果是中高端职位或比较难招的行业顶尖人才，则要根据招聘预算情况选择是否使用猎头，必要时也可以主动邀请和提议用人部门负责人推荐人才（有时候用人部门负责人已有目标人选），这样也可以缩短招聘周期，提高招聘效率，而且符合招聘规范。

甄选阶段：用人部门负责人参与简历筛选，至于是用人部门先筛选还是招聘部门先筛选，这个可以根据各自企业的情况自行商定，在筛选过程中要明确用人部门主要侧重于对从业经历、岗位职责、项目经验等专业内容的把关，招聘部门主要对任职资格、薪资待遇等通用性内容把关。在有些公司，用人部门可能完全授权招聘部门筛选简历，那招聘部门就需要提前了解用人部门负责人的招聘偏好，尤其出现以下四种情况的，一定要在第一时间与用人部门负责人再次沟通，必要时调整招聘策略和筛选标准。

第一，当多批简历递送给用人部门后，发现简历命中率较低时；

第二，简历发送给用人部门后，反馈时间变长；

第三，已连续多日有效简历获取数量较少；

第四，出现超过正常招聘周期的难招岗位。

招聘管理者需要注意的是，在面试过程中也需要与用人部门进行分工，涉及专业能力方面的问题由用人部门提问，对于候选人关心的岗位职责介绍等也由用人部门负责，招聘部门主要就通用性问题、价值观问题等进行考察，对于候选人关心的岗位薪酬问题等由招聘部门负责回答，这样提前做好分工能在面试过程中互相打好配合，尽量避免出现提问交叉的情况。用人部门负责人需要就面试情况给出中肯的面试评估意见。

录用阶段：招聘环节中最重要的应该就是作出人才录用决策，录用阶段也是对候选人综合评价的过程，招聘部门需要提供所有与候选人有关的求职资料（包括但不限于求职登记表、面试评估表、笔试成绩、心理测评结果、持证情况等），并且给出人才录用建议，由用人部门负责人最终作出人才录用决策，并在相关的录用文件上签字确认。这个环节比较容易出现的情况是，用人部门和招聘部门的意见不一致，一般遇到这种情况时，招聘部门需要与用人部门就录用标准进行沟通。如果用人部门依然坚持录用，则招聘部门需要就录用一事给到正式的招聘面试评估报告或不建议录用的书面报告/通知（电子邮件亦可），避免事后若录用人员出现问题，用人部门直接甩锅给招聘部门。

入职后评估阶段：团队成员入职后一段时间，招聘管理者需要与用人部门负责人沟通团队成员的工作表现，这既是对招聘成果的总结和复盘，也是对下次开展相同或类似岗位时的招聘策略是否需要调整的非正式访谈。例如，有时候我们会发现团队新成员入职后的表现不如预期，可能就要考虑是否在招聘面试环节存在哪些问题（当然，也要考虑企业文化、部门带教等因素）。这样，招聘部门才能在打造高绩效团队方面，更好地帮助到用人部门负责人。与那些一招聘进来就对新员工不管不顾的招聘管理者相比，这样做更能增进招聘部门与用人部门之间的信任，也有利于后续招聘工作的开展。

让用人部门负责人全程参与到招聘流程中，是让他们充分履行作为团队首席招聘官的职责。作为招聘管理者，我们主要在以上五个招聘阶段与用人部门负责人通力协作。在招聘过程中也可能会发生各种各样的小问题、小摩擦，有时候我们甚至会遇到用人部门负责人的抱怨、指责等情绪问题，但我们始终要明确招聘部门的功能定位，积极与用人部门负责人沟通，做到理解、共情和同频，只有这样，招聘管理者才能在打造高绩效团队的过程中凸显专业优势，最大限度地做好招聘支持与服务工作。

15.3　招聘只是起点，配置才是终点

我们经常谈到“选—用—育—留”，很多人会说企业招聘是起点，是所有人进入企业的第一道关。而新员工一旦进入企业，后续就很少与招聘还有联系的。事实上，在很多企业中，招聘职能也的确如此运作了很多年。但是我们都知道招聘并不仅仅是一个外部招聘的过程，更重要的是为组织找到合适的人才并将其合理配置到相应的岗位上。很多员工离职就是因为在企业内部找不到更合适的位置——无论这是基于事实还是员工自我认知的偏差，但最终造成的结果就是，优秀员工的离职会给企业带来一定的损失。正因为这样，一些有管理先见之明的企业开始尝试员工职业双通道建设，尝试在企业实行内部招聘机制（包含内部推荐），不管是何种方式，核心目的都是最大限度地保留优秀员工，让优秀员工在产生职业倦怠或面临职业“瓶颈”时，在企业内部可以获得更多的职业选择，以内部人才合理流动代替员工离职，这种做法需要诸多专业职能人才去推动。人力资源部门的各个职能无疑都在为实现这样的人才发展和保留计划尽到最大限度的努力，这才是“选—用—育—留”各环节最

好的职能衔接意义所在。

招聘管理者对于招聘职能的理解，也不能只停留在“招聘”这个词本身。正如同我们对餐饮的要求通常不只是吃饱而已，而是通过食材之间的搭配使得食物色香味俱佳。同样，在企业招聘过程中，招聘管理者不仅要关注到候选人的能力所在，而且要通过更为科学、有效、规范的方式将人才集聚在一起并且使之成为具有相同目标的团队，只有在这些方面都做到合理的配置，才能真正实现人才的价值和组织效益的提升。在这个过程中会涉及多个维度的匹配，也正因为这样，招聘职能对于人才梯队的建设显得尤为重要。

招聘与配置是两个不同的管理概念，但又是一个相互关联、密不可分的过程。两者都是将合适的人放到合适的岗位上。但招聘是为了找到合适的人才，在招聘过程中，企业需要考虑到岗位需求、人才技能和性格特征等多个方面，以确保招聘到的人才能够满足岗位的基本要求，并且能适应组织的文化和环境，更聚焦于当下、聚焦于最低限度的要求。而配置则是为了将人才合理地安排到相应的岗位上，企业需要考虑人才的专业特长和职业优势，综合考虑其未来胜任更高阶岗位的潜力大小及成功的可能性，以确保人才能被合理地安排到相应的岗位上，使其能够充分发挥自己的能力和潜力，为组织的发展作出贡献，更聚焦于未来、聚焦于更高潜力的挖掘。

正因如此，在企业实践过程中，招聘与配置虽然在大多数情况下是混合使用的，但在真正提拔中高层岗位时，绝大多数时候会想到“配置”一词——无论是否空降，极少在正式新闻报道中谈及“招聘”两字，这也从一个侧面反映出，这样的中高管绝非满足于岗位的最低要求，而是企业对其行业经验、管理能力和职业潜力的充分肯定，并且寄予厚望。招聘管理者在企业内部的作用正是将具有发展潜力的优秀人才发掘出来，这也使得招聘管理者更贴近于业务团队，了解他们的团队成员，了解他们的历年绩效、团队角色、专业特点、性格特点、擅长领域、合作风格等，这样才能在未来企业出现岗位空缺的时候，能在第一时间从企业内部找到合适人选，让他们在更为合适的岗位上发挥专长。

为了实现企业内部人才的科学配置，招聘管理者一定要具有战略格局和经营视野，其管理职能不只局限于日常的事务性操作和招聘管理能力的提升，虽然这些工作能力是其赖以生存的根本，但往往也是其职业发展的阻力。招聘管理者只有跳出招聘看招聘，跳出人力资源看经营业务，才能发现在打造高绩效团队过程中那些真正需要关注的专业细节，避免陷入招聘管理陷阱。招聘管理者需要对战略和经营业务保持高度的商业敏感性，用专业能力分析和解决战略和经营的痛点和难点问题。分析只是专业的基本能力体现，真正的专业能力是解决问题的能力。具备必要的灵活性，能根据企业的变化和发展对人才配置结构适时进行调整和优化，这样才能让企业在激烈的市场竞争中始终拥有充足数量的优秀人才，也使企业在打造敏捷性组织和无边界团队的过程中具有先天性优势。这些随着时代发展应运而生的团队管理理念，无论如何发展和演变，关键必然还是对人才的合理配置，其次才是正确而高效地使用人才。

招聘只是起点，配置才是终点，罗马不是一天建成的，高绩效团队的打造也绝非一朝一夕之事。从团队初创到团队磨合，从团队成熟到团队高绩效，每一步都可能面临团队成员的纳新与淘汰。对用人部门负责人而言这可能是一个漫长的过程，尤其是在完成一些周期较长的重大任务时，招聘管理者要做到的就是全程陪伴和动态的人才管理。通过及时感知团队的管理目标和团队成员需求变化情况，未雨绸缪地做好应对措施。为企业打造高绩效团队的同时，也在不断改善组织的人力资源管理水平，真正实现“人尽其才”的优秀管理目标，不负招聘管理职能所赋予的使命与责任，逐步成长为优秀的招聘管理者。

画重点

打造高绩效团队对企业来说至关重要。通过打造高绩效团队，企业可以提高业绩和竞争力，促进创新和变革。招聘职能就是实施动态人才配置的核心所在，既是基于战略招聘管理的职能需求，也是对招聘管理者的专业考验。

图书在版编目（CIP）数据

HR如何招聘人才 ： 招聘思维与技能 / 姚绿冬著. 北京 ： 中国法治出版社， 2025. 8. -- (HR从入门到精通系列). -- ISBN 978-7-5216-5519-3

Ⅰ. F272. 92

中国国家版本馆CIP数据核字第2025LV4706号

策划编辑/责任编辑：刘　悦　　封面设计：汪要军

HR如何招聘人才：招聘思维与技能

HR RUHE ZHAOPIN RENCAI：ZHAOPIN SIWEI YU JINENG

著者/姚绿冬

经销/新华书店

印刷/三河市紫恒印装有限公司

开本/710毫米×1000毫米　16开　　印张/16.25　字数/189千

版次/2025年8月第1版　　2025年8月第1次印刷

中国法治出版社出版

书号ISBN 978-7-5216-5519-3　　定价：56.00元

北京市西城区西便门西里甲16号西便门办公区

邮政编码：100053　　传真：010-63141600

网址：http://www.zgfzs.com　　编辑部电话：010-63141848

市场营销部电话：010-63141612　　印务部电话：010-63141606